笑育のすすめ

「笑顔」の力で教育が変わる

はじめに

〝笑育〟って何ですか？

私は毎年、年間約六十校の小中学校、保育所・幼稚園などに出向き、学級経営や生徒指導、子ども理解などについての研修をしています。また「子育て講座」では保護者の方々にもいろいろなご提案をしてきました。それらを今回、本としてまとめることになりました。

さて〝笑育《しょういく》〟とは、私がつくった造語です。

これは、できる限り笑顔や微笑みで、明るく楽しく、日々を自分らしく生きていくこと、笑いを通して皆が育っていくこと。

子どもやあなたの周りの人が、あなたを思い浮かべたとき、それが素敵な笑顔や微笑みであるような、そんな生き方をしてみませんか、ということです。

それをひと言で表したいと思い、この言葉をつくりました。

「簡単でしょ！　やろうと思えば誰にでもできる、とてもシンプルな生き方です。ニコニコするだけなんだから、ぜんぜん難しくないですよね」

こう言うと、「そうは言うけど、今はとても笑えるような状態にないよ」とか、「子どもを甘やかしてどうするんだ」といった声が聞こえてきそうです。

私もかつては、そう思っていましたから、その気持ちはよく分かります。

でも、笑顔や微笑みには、ものすごい力があるのです。

〝力〟といっても、誰かを吹き飛ばしたり突き飛ばしたりする荒々しいものではなく、人を包み込むような温かで柔らかなパワーです。

特別なことをしてください、とは言っていません。

人として命を授かった皆さん自身の、本来の姿を取り戻して生きていく、ということなのです。

日本では、いじめや体罰、虐待など、子育てや教育に関する問題が、もう何年も大きな課題の一つとなっています。

人をいじめたり、暴力をふるったり、暴言を吐いてはいけないことは、幼い子どもでも知っています。ましてや、大人が子どもを力で支配しようとするなど言語道断です。

みんなと明るく楽しく、仲良く、気持ちよく、安心して過ごしたいという思いは、誰もが持っている人間らしい慎ましやかで温かな願いであるはずです。にも関わらず、いじめや体罰、虐待などの問題は、一向に解決する兆しがありません。

してはいけない、ダメだと分かっていても起こるのですから、学校や教師、保護者の責任を追及し、犯人さがしをしたところで、問題が解決するとは思えません。

この本を読んで、人の脳や心のしくみ、体の発達の観点から、困っている子どもたちの言動を理解し、さらに子どもたちを指導・支援する大人にありがちな言動も、合わせて理解していただけたらと願っています。

教育の問題を解決するには、教育に関わるもの一人ひとりが、自分自身のあり方や、人との接し方を上手くコントロールできるようになること（笑育の実践）が必要なのではないかと思っています。

さて、私の話は、「こんなふうに子どもを見たら、あるいは接したら正しいですよ」ということではありません。

どちらかと言うと、「こんなふうに子どもを見たり、一緒に過ごしたりしたら楽しいですよ」という提案なのです。

ただここで重要なのは、私に「皆さんを変える力はない」ということ。

人は自分の力で成長します。それは、大人も子どもも同じです。

「ずっと先生をしてきたあんたが、そんなこと言っていていいのか？」

と思われるかもしれませんが、これは紛れもない事実です。

かつて私は一度だけ、小学一年生の担任をしたことがあります。

新しい団地にできたばかりの学校で、三学期には一クラスの児童が四十人を超えるほど増えました。

そのとき、私は三十歳になったばかりで、元気だけはありましたが、今よりさらに未熟でした。

算数の授業をするのも大変。数え棒やおはじきを使って勉強しようとすると、誰かがジャラリンと落としてしまいます。あっちでジャラリン、こっちでもジャラリン……。片付けている間に十五分ぐらい経ってしまう。で、イライラしてつい叱ってしまいます。

給食だって大変です。しょっちゅう誰かが牛乳をこぼし、私がイライラするという悪循環。何とも情けない状態でした。

もちろん、子どもたちはわざとやっているのではありません。発達段階で未熟な一年生は、不器用ですから当たり前のことなのです。

ある日しっかり者のIちゃんから言われました。

「そんなに怒ってばっかりやったら、嫌いになるからね！」

今でもそのときのIちゃんの顔がはっきりと目に浮かびます。

学級経営としては敗北感だらけの一年間で、当時を思い出すと今でも穴を掘って入りたいくらい、子どもたちに申し訳ない気持ちになります。

ところが、二年生になり、始業式で整列している子どもたちを見て驚きました。何とも逞しく立派に成長しているんです。

「何だ。全然オレの力じゃない。あの子たちは、ちゃんと自分の力で成長しているんだ。子どもたちの成長力はすごい！」。それを、紛れもない事実として、子どもたちから教えられたのです。

大人であれ子どもであれ、人は自分の責任で自己選択をし、自己決定するからこそ、自分の力で成長します。そのための「きっかけ」になればというのが私の願いです。ですから、こうするべき！　という強制はないと思ってください。

安心していただいて、できるだけリラックスして、読み進めていってください。

第一章

脳科学からみた学級経営

ちょっとおかしな先生になろう

はじめに皆さんに目指していただきたいのは、**ちょっとおかしな（または、変な）先生になる**、ということです。勘違いして、ものすごくおかしい（変な）先生になろうとは、しないでください。

校長先生や同僚の先生方から、

「いったいどうなっているんだ。百瀬の本を読んでから、なんかおかしくなったぞ」と、クレームをいただくのも辛いので、少し変、程度で止めていただけたらと思います。

ただ笑育を進めていくためには、この〝ちょっとおかしな先生を目指す〟という姿勢がとても大切です。

過日、教育実習の訪問指導で、ある小学校に出向いたときのことです。

校長室で実習生と話をしていると、

「何で廊下を走っているの！　あなた六年生でしょ。いい加減にしなさい」

と子どもを叱責する声が聞こえてきました。

たとえ安全のためとは言え、こんなにすごい剣幕で怒鳴る必要があるのかなと疑問が残りました。

後程詳しく説明をしますが、脳の仕組みから言うと、この先生は特別に恐い先生ではなく**普通の先生**です。

困らな感という困った問題（学校の現状）

私が毎年、保育所・幼稚園・こども園・小中学校で、特別支援教育や学級づくりの研修をしているなかで、そのニーズには大きく三つのケースがあると感じています。

ケース①　困っているところを表出している子どもに、教師や学校が困っている

ケース② 教師は困っていないけれど、子どもが困っていることに教師は気づいている
ケース③ 教師も子どもも、どちらも困っているわけではない。もしくは、困っていることに気づいていない

実際はケース①が多いのですが、できれば②や③の状態で、一緒に研修ができるといいのかなと思っています。

①や②での研修は、〝危機管理〟ではなく、〝危機対応〟になってしまいます。では、③のケースは、どちらも困っていないからこれで良いのかというと、あながちそうとは言いきれません。

文部科学省によると、クラスには平均六・五パーセントの困っている子どもがいる、という調査結果が出ています。つまり最低でもクラスに二〜三人、あるいはもっとたくさんの困っている子がいるはずなのです。

それにも関わらず、どちらも困っていないということが問題です。

これを私は、〝困らな感〟と名付けました。「困るべきところで困っていない

ことが、困ったもんだ」という意味です。

特別支援教育の観点から見ると、小中学校、幼稚園、保育所などでは、主に二つの困らな感が存在していると思います。

一つは、子どもたちの困らな感。

小学一年生で、教室をうろうろしている子どもが、

「先生、ボクはＡＤＨＤ（注意欠陥多動性障がい）なので、三分に一回は立ち歩きますのでよろしくおねがいします」

なんて、説明してくれることはまずありません。

発達障がいのある子どもたちは、生まれてからずっとそういう状態で過ごしているので、自分がどのように困っているのかを説明できないのです。

もう一つは、教師の困らな感です。

先ほど例にあげたＡＤＨＤタイプの子どもであれば、クラスで一斉に学習しようとすると、多動で歩き回るので目立ちますし、授業の邪魔になるので担任の先生も気がつきます。

しかし、なかには〝静かに困っている〟子どもたちもいるわけです。

注意欠陥であっても、多動性がない子どもたちは、授業中に先生がいくら一生懸命しゃべっていても、自分の世界（マイ・ワールド）に入っていることがよくあります。

まったく聞いていなくても、授業の邪魔にはならないので、担任が気づかず、放置・放任される可能性が高いのです。

中学校卒業以降、なかには成人してから自分自身のこういう問題に気づく人もいます。そのことで本人はもちろん、親や周囲の人たちも困惑し、引きこもりや、就労困難等の社会問題につながることもあるのです。

子どもには、説明能力がないのですから、大人（教師）の方が特別支援的な知見を通した子ども理解の力を上げていかないと、こうした子どもたちを救うことはできません。

脳はつじつま合わせをする

我々の脳の仕組みには、つじつま合わせの機能がついています。

分からないことや、理解できないことがあると、何らかの理由をつけてそれを処理してしまうのです。

これは、パニックを引き起こさないための、脳の自己防衛機能でもあります。


理解できない子どもの言動があったとき、それを処理する一番簡単な方法は、相手のせいにすることです。

一年生にもなって、ちゃんと椅子に座れないのは、躾の問題であって、その子が悪い。そう考えると、自分の指導力や学級経営を改善したり、その子どもに合わせた指導をする必要などないと思ってしまいます。

すると、とりあえず脳は安心します。

図①

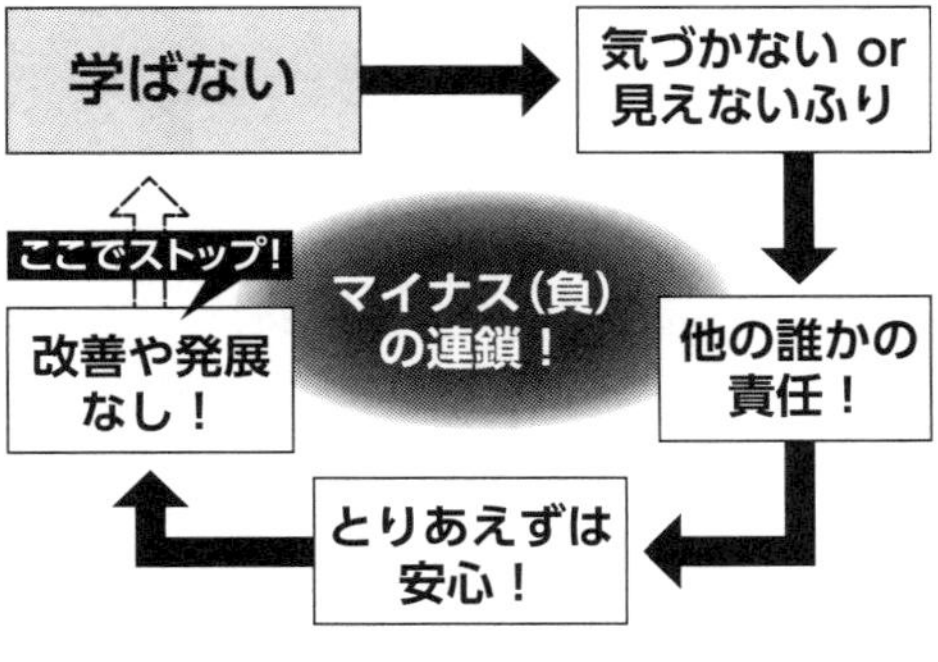

そして図①のように、マイナスの連鎖によって改善や進歩・発展がなく終わってしまうのです。

そうではなく、特別支援の知見を取り入れて、具体的な実践や対応に生かしていくことが必要です。

実践すれば当然、振り返りができますから、新たな気づきが生まれ、そこから、学びにつながるという継続的なプラスのサイクルが生まれてきます（図②）。教師にとって、困っている子どもを手助けするのは極めて自然なことですから、気づきさえすれば上手く関わることができるはずです。

特別支援の知見を学ぶことで、脳のつじつま合わせの機能を指導に活用できます。

図②

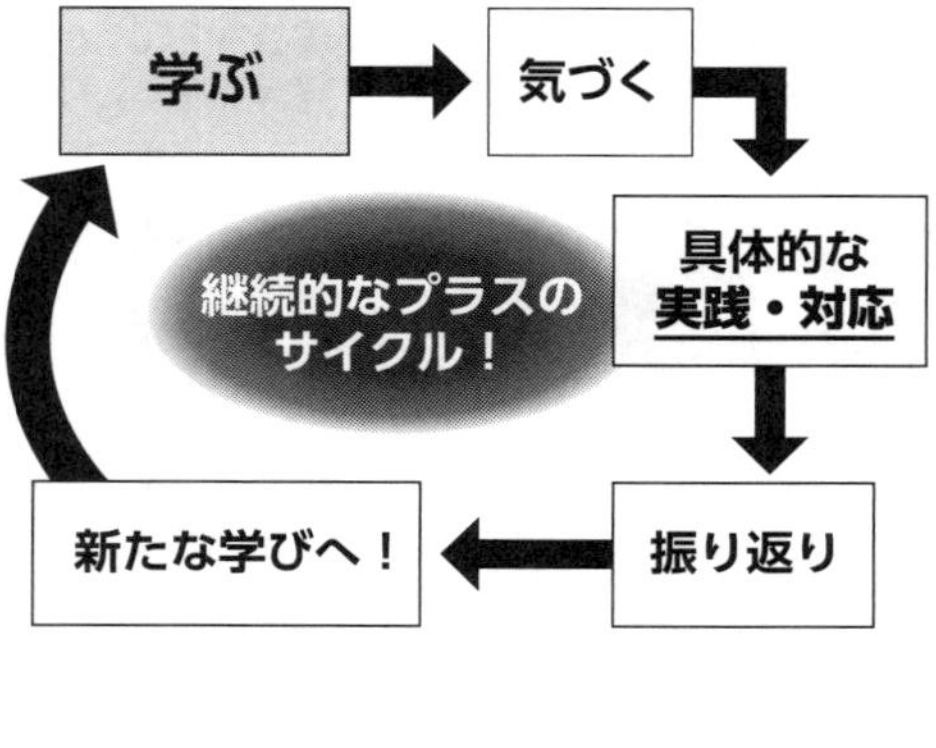

どのような組織でも、人材を育成する側面を持っています。育成する側が、このような知見を持っていないと、トラブルや不都合をすべて相手の責任にして脳を安心させてしまい、解決・改善していく見通しがなくなります。

トラブルによって本当に困っているのは、あなたではなく、相手（子どもたち）かもしれないのです。

基本的な脳の機能を知っておくことが、良き指導者・支援者になるために必要不可欠だと思います。

脳・心・体から子どもを理解する

特別支援の知見をいかした学校教育をすすめるとき、子どもの体（発達）、脳（脳科学）、心（心理学）などを、子ども理解やアセスメントをするときの〝ツール〟として活用します。

その結果、子どもがどのように困っているかが分かるので、自分のこれまでの指導や支援の長所や短所が分かります（指導理解）。

それに気づいて改善していけば、指導力の向上につながります（スキルアップ）。

ただし、特別支援の知見を得ることは、目的やゴールではなく、あくまでもツールであることを忘れてはいけません。

このツールを使って実践し、脳のつじつま合わせの機能を利用して、子どもたちの成長に寄与していくことが、何よりも大切なことです。

これまで学校では、子どもたちの学習面や体力、健康、家庭状況などを把握する努力をしてきました。

今後はさらに、**認知レベルでの子ども理解を深めていくこと**が、重要になると思います。

どのように見えているのか、どんな聴こえ方をしているのかと子どもたちの感じ方を考えたり、「へたくそな字や絵だなぁ」、「乱暴な文字だなぁ」と思うのではなく、このような文字や絵を書く要因を推測し、出力したものから情報を得たりすることで、指導や支援に生かしていきます。

大雑把に言うと、特別支援の知見を生かすとは、困っている子どもを援助するという、教師としては極めて当たり前のことにつきます。

クラスに足を骨折している子どもがいたとします。

避難訓練のとき、その子に、

「根性が何より大切だから、みんなと一緒に歩いて避難しなさい」

とは言わないでしょう。

肩をかす、松葉杖や車椅子を使う、ほかの子に援助してもらう……などと、いろいろと知恵をめぐらし、その子の移動手段を工夫すると思います。

教師とはそういう人たちの集まりですし、その工夫に抵抗はないはずです。

ところが、教室で〝本当は〟困っている発達障がいといわれる子どもたちは、その困っている部分が教師の側からとても見えにくいのです。

骨折しているのに、風邪の処置をしても、指導や支援は上手くいきません。

特別支援の知見を使って子どもたちの理解を深める（児童理解）と、指導が上手くいかない理由を子ども側からだけでなく、教師や大人の側からも考えられる（指導理解）ようになります。

子どもたちの困っているところが分かれば、自分の指導や支援の仕方のどこが分かりにくかったのか、どうして伝わらなかったのかが見えてくるようになり、自ずと指導力もアップしていきます。

問題行動をどう捉えるか

子どもたちは自分たちの困っているところをいろいろな形で表出させています。教師や大人から見て一番困るのは、学校の秩序を壊す暴言・暴力や、授業放棄・妨害などでしょう。

学力不振は、子どもたちの努力不足と捉えられる可能性が高いですし、姿勢の悪い子どもたちは気合が足りない、と切って棄てられるのではないでしょうか。

九州大学病院に居られた精神療法の達人と呼ばれる神田橋條治医学博士は、次のようにおっしゃいます。

子どもたちの問題行動は、未熟な問題解決行動である。

つまり、問題行動は子どもの自己発生的な治療行動であり、ストレスに対処しているに過ぎないということなのです。

なかなか椅子に座っていられない子どもは、親から「授業中、自由に動き回ったらいいよ」なんて教えられているわけではありません。

どの親も、周りの子どもたちと一緒に、しっかり勉強してほしいのです。

この場合、子どもたちは座らないのではなく、座っていられないのです。

ここに、問題解決への重要なヒントがあります。

目からの情報が入り過ぎるので集中できないのか、気になる音がして座っていられないのか、あるいは立ったり歩いたりすることでセロトニン（自分を落ち着かせる脳内ホルモン）を出そうとしているのかもしれません。さまざまな原因や可能性を考えることができれば、解決の糸口が見つかるはずです。

例えば、授業中に動けるチャンスをつくることで、逆に座れる時間が増えるかもしれないのです。

一年生の教室では、子どもたちが、背中をピンと伸ばして椅子の背もたれにしっかりとつけ、両手を前に伸ばして教科書を読んでいる姿を見ることがあります。

正しい姿勢を指導するのは大切ですし、否定はしません。しかし、

「今日は立って読みましょう」

「お隣同士で向かい合って読みましょう」

「運動場の方を見て読みましょう」

など、姿勢をちょっと変えてあげるだけで、多動傾向の子どもたちは、とても助かるのです。

ちょっと乱暴ですが、「はい立って〜。今日は、教科書を逆さまに持って読みましょう」などと指示を出したら、いつもは積極的に読むことのない元気者

の子どもたちが、そのときだけ一生懸命になって読んだりします。

正しい姿勢を指導の基本にしつつ、それにこだわりすぎずに変化をつけて活動させる余裕があれば、困っている子どもたちも助かります。

学校で暴言・暴力、指導不服従をしている子どもたちは、教師に対して「うるさい！　向こうへ行け！」と言いながらも、なぜか休まずに学校に来ているでしょう。

おかしいと思いませんか？　友達に会いに来ているだけでしょうか？

成育歴などのなかで抱えている問題や辛さを、かまってほしいという形で表出させているSOSのサインかもしれないのです。

これも、人と関わろうとする力だと考えれば、子どもへの接し方のなかに手だてがあり、我々が上手く関わることで、暴れたり暴言を吐く必要がなくなっていくのです。

感情の獲得

問題行動を起こす荒れている子どもたちを理解するために、人間の感情の獲得について考えてみましょう。

人間は豊かな感情を持ち、泣いたり笑ったりしながら、日々を生きています。しかし、私たちは生まれながらにして感情を持っているわけではありません。新生児のときから随時育っていくのです。興奮に始まり、続いて嫌悪など不快の感情が育ちます。さらに、愛情や喜び、嫉妬など複雑な感情を徐々に獲得していくのです。

赤ちゃんはお腹が空いたり、オムツが気持ち悪いと泣きます。これは不快の感情からくる表現です。

生後六カ月くらいから始まる人見知りは、お母さんと離れると命が危ないと思われる時期にみせる、母親へのこだわり行動なのです。

自閉傾向の子どもたちは、人への興味・関心が低いという特性があり、人見知りをしないこともあります。その一方で、モノや部屋のなかのパターンにこだわったりしますから、部屋に置いているぬいぐるみを、たまたま掃除で片付けただけで、パニックを起こしたりします。

赤ちゃんは、言葉で説明できませんので、親はなぜパニックになったのかが分からなくて、困ってしまうということもあります。

本当に、大変な苦労をしながら、お母さんは子育てをされているわけです。

お母さんからだっこされ、おっぱいをもらい、微笑んで話しかけてもらった子どもたちは、愛着形成が完成しお母さんをイメージするだけで一人で行動できるようになります。これが第一次反抗期の正体です。

一人で勝手に好きなことをやりはじめたら、お母さんは眉間に皺を寄せたりしないで、成長に必要な最初の大仕事ができたと、ガッツポーズをしていただいても良いくらいです。

この愛着形成は、その後の人生で人間関係の基礎・土台となります。

大人に対するディスカウント

最近は、虐待の問題やネグレクトの問題がしきりに話題になっています。愛着形成の不十分な子どもは、不安なとき、自分を慰めて落ち着かせることが苦手になってしまいます。愛されている実感や体感が乏しいことは、自分や他者への不審にもつながります。

図③は愛着形成ができていない子どもの悪循環を表したものです。

愛着が十分に形成されていないと、自分のことをかまってほしいという欲求が強くなります。

図③

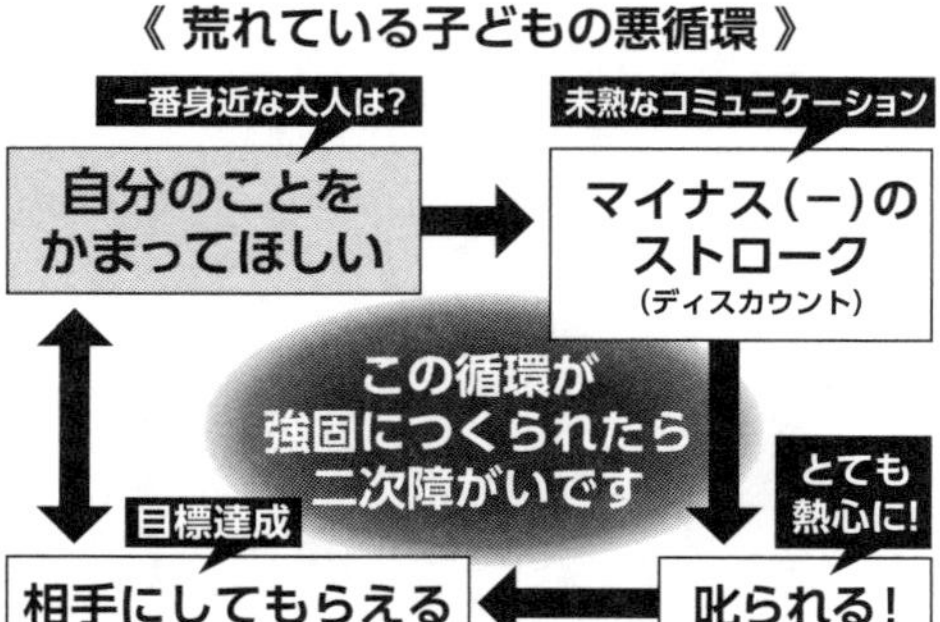

愛情欠乏の子どもたちが、保育所や幼稚園、小中学校に行くと、そこには絶好の相手がいます。先生方です。

寂しい子どもたちは、先生に明るく「おはようございます」とか、可愛らしく「先生、今日も遊んでね」とは、決して言いません。

たいていは、憎まれ口をたたくか、叱ってもらえそうな行動をしてきます。心理学の交流分析でいう、相手に対する**ディスカウント**（マイナスのストローク）をしてくるのです。

生育歴でコミュニケーション不足や、繰り返し叱られた経験があると、叱られることで自分をかまってもらえると誤学習してしまいます。

熱心な先生方は、一生懸命、それも情熱的に指導します。寂しくてかまってほしい子どもにとって、先生から「シャツが出ている」とか、「廊下を走っている」、「姿勢が悪い」などと叱られる日々が続くことは、自分の目標を見事に達成していることになります。

ＡＤＨＤやアスペルガーといわれる子どもたちがすべて、暴れて暴言を吐くわけでは決してありませんし、暴れている子どもたちが、すべてＡＤＨＤやアスペルガーということでもありません。

熱心な先生が日々叱責を繰り返した結果として、子どもたちの問題行動が起きている場合もあるのです。このように、人間関係のなかで引き起こされ、後からつくられてしまった行動障がいを二**次障がい**と呼びます。

人の発達も他の動物と同じように、系統発達をたどると言われます。

その発達は、非常に安定したプロセスです。

言い方を変えると、融通がきかないということでもあります。

「三つ子の魂百まで」と言いますが、幼い時に獲得できなかった愛情は、どこかで誰かに補ってもらわないと、とても生きづらくなってしまいます。

人はやはり、愛なしでは生きていけないのです。

私の経験からすると、荒れている子どもは、なぜか学校を休みません。

なぜなら学校には、先生方のあふれる愛があるからです。

インフルエンザで四十度の熱があり、ふらふらになりながら登校してきた五年生の男の子に、「大丈夫か」と声をかけたら、

「うるさいわ。向こう行けや」

と言いながらも近づいて来て、ちゃんとおでこを触らせてくれました。

もちろん、すぐに保健室直行だったのですが……。

子どもの問題行動を脳の構造から考える

寂しい子どもたちは、自分では意識していませんが、さまざまな問題行動をすることで先生にかまってもらおうとします。

それに対して、熱心な先生が叱り続けるとどうなるでしょう。

問題行動が改善されるどころか、二次障がいを引き起こしてしまいます。

その仕組みを、脳の構造から考えてみたいと思います。

脳というのは、三層構造になっていて、奥深い場所には反射や呼吸など生命の維持を司る脳幹があります。

その次に、感情脳と呼ばれる大脳辺縁体という層があり、一番外側に知覚脳と呼ばれる左脳や右脳、人を人たらしめている前頭前野などの大脳新皮質と呼ばれる層があります。

大脳辺縁体の扁桃体は意味づけの脳とも呼ばれ、入ってくる情報を常に快か不快で判断し、その振り分けをしています。

私の話も、その都度みなさんの扁桃体が無意識に意味づけして、快・不快の判別をし続けているのです。

また、大脳辺縁体には側坐核という部分もあります。これは、やる気に結びつく報酬系の神経と深い関わりを持っています。

いつも姿勢が悪くて、一見やる気がないように見える子どもも、実はこの側坐核などの神経系に不具合があるだけかもしれません。つまり、先生方をバカにしてダラッとしているわけではないのです。

嫌いか好きかの判断は、敵か味方か、危険か安全かの判断でもあり、生命の危機管理能力と密接に結びついています。

そして、この判断こそが認知レベルでの子ども理解や、指導のベースとなる一番大切な部分だと考えています。

子どものために熱心に頑張っても、知的に子ども理解を進めても、日々のやりとりで、子どもたちの扁桃体に敵と書き換えられてしまう指導や支援をしたら、その努力は決して報われません。

かまってほしい子どもたちは、コミュニケーション力が未熟なために、ディスカウント（不適切な言動）してきます。それに対して、叱るだけの指導をし続けていると、子どもの扁桃体は教師を〝不快〟と書き換えることになります。

自分のことをたくさんかまってくれた一番の恩人であるはずの先生が〝敵〟に変わる。これが学級崩壊につながっていくわけです。

このような視点で考えると、ややこしい子やできない子、困った子たちが、逆に困っている子、健気な子に見えてきませんか？

同時に、感情的になって恫喝したり、怒りっぱなしになる指導がいかに恐ろしいものかが、少しご理解いただけると思います。

正しいことは休み休み言え

教育に携わる方の心の隅に、いつも置いてほしいことがあります。

それは、正しいことばかり言わないこと。

幼小中と、いろいろな学校に出かけて研修をさせていただきますが、見るからに不真面目な先生にお目にかかることはありません。

ちょっと怖そうな先生や、個性的で面白そうな先生はおられますが、基本的に皆さんきちんとされています。

日本の学校の先生方は、本当に真面目なんです。

そこで、**真面目な先生が陥りやすい思考パターン**について知り、自己理解をしておく必要があると思っています。

先生方が子どもたちに指導することは、「廊下を走るな！」とか「チャイムの合図は守りなさい！」など、ほとんど間違いなく正しい内容です。

そのため、子どもたちができないことを注意したり、叱ったりすることが多くなります。

指導内容が正しいですから、言うことをきかない場合、子どもたちが悪いということになります。

そうすると、自分の指導方法の問題に目を向けにくくなり、修正がききにくくなるのです。このことは、親や職場の先輩・上司など、指導的立場に立つ人ならみんな同じです。

以前『児童心理』という雑誌の教育諺コーナーに、見事な言葉がありました。

正しいことは、休み休み言え

この言葉は私の中にストンと入って来ると同時に、「お見事！　やられたなぁ」という感じでした。

正しいことだからこそ、その意図や意味が正確に相手に伝わるよう工夫をしたり、気遣いをしなければ、相手にはきちんと受け取ってもらえないということでしょう。

教師脳をつくる

教師の脳も、子どもと同じく**危機管理優先モード**になっています。

授業中にウロウロ歩いている子どもがいるのに、教師が全然気がつかないということは、あり得ないですよね。

扁桃体のがんばりで、即座に子どもたちのマイナス行動が目に入るはずです。

それは、人としていたって正常で健康です。

特別支援の必要な子どもたちは、多動であったり不注意であったりしますから、とりわけマイナス行動が目立ちます。

教師はマイナス行動ばかりに目がいきますから、子どもたちをほめようとしても、実際にはずっと叱っていることになります。

一生懸命に指導すればするほど、扁桃体に〝気になる子〟というレッテルが貼られ、その子が敵になってしまいます。

脳のシナプスは、その性質として他のシナプスとつながろうつながろうとしますから、脳のなかにその子ばかりが気になるという強固な回路ができあがってしまい、習慣化されるという問題が生じてきます。

困っている子どもたちを指導・支援しようとするなら、教師の脳は普通のままではいけません。

扁桃体の仕組みに負けない脳を創る必要があるのです。

「顔で笑って心で泣いて」という文句がありますが、必要なのは、まさにこれです。

荒れた子どもたちから浴びせられる耐え難い暴言も、

「先生、ぼくは（私は）ココにいるよ！　相手してよ！」

という心の叫びであると解釈できれば、「そうか、かまってほしかったんだなぁ」「そんなに相手をしてほしいんだ」と思うことができるはずです。

二つの〝どうそう〟反応

「子どもになめられたらいけない！」

「叱るときはビシッとやらなくっちゃ！」

こういう言葉を、先輩や同僚から聞いたことはありませんか。

あるいは、思わず若い後輩に言ってしまったことはないでしょうか。

このような言葉を生む感性や感覚は、いったいどこからくるのでしょう。

自分のクラスの子どもがきちんとしていないと、「指導力がない」と周りから思われるのではないかという不安や、子どもが全然指示に従わなくなって、「学級崩壊したらどうしよう」という怖れからではないでしょうか。

子どもたちをまとめ、安全で安心できる学級をつくるのが担任の大事な仕事です。何度注意しても話を聞いていない子どもや、授業中座っていられない子どもに出会うと、教師の権威が脅かされているような恐怖が生じます。

人は、強い恐怖にさらされると、おおむね二つの〝どうそう〟反応を起こします。学級経営が上手くいかず投げ出したくなる「逃走」か、それとも子どもたちと戦う「闘争」かです。

後者の闘争の場合、大声で怒鳴って威圧したり、してはならない体罰という指導をしたりするかもしれません。ヒステリックな長時間のお説教となることもあります。

叱ってはいけない、と言っているのでは決してないのです。

本当に必要なときに、毅然と叱るためにも、つまらないことで叱らなくてすむ指導・支援のあり方を考えたいのです。

社会的欲求（愛の欲求）

「子どもたちが言うことを聞かなくなるのではないか」
「自分の学級経営がダメだと思われるのではないか」

という不安も脳の自己防衛機能です。

もし、人間にこの機能が備わっておらず、なんの心配もしないで、のほほんと生きていたら、我々は今ここに存在していたでしょうか。

我々の祖先は氷河期の困難な時代も食料確保のために、いろいろな工夫をしながら生き抜いてきたはずです。

心配性のご先祖のおかげで、今私たちが生き残っているとも言えるのです。

ただし、人間の根源的な不安や恐怖とは上手くつき合っていかなければ、ずっと心配で不安で不機嫌な状態で過ごすことになってしまいます。


この問題を解消するためには、知恵や勇気が必要です。

ここでは、特別支援教育の知見である脳の仕組みや体の発達、心理学がそれらにあたります。

子どもたちも我々大人も、家庭や学校、会社などの社会や組織に属して生きています。

そのなかで認められること（居場所があること）は、安定して生きていくために必要不可欠なことです。

『マズローの欲求段階説』（図④）でいけば、**社会的欲求（愛の欲求）**は、下位から三番目の根源的な欲求となります。

毎日、命の危険を心配しながら生きている方はおられないでしょう（近頃ちょっと怪しくなってきていますが……）。

今のところ日本は、ありがたいことに平和で、明日食べるものに困ることもない状況ですから、生理的欲求や安全欲求ではなく、この社会的欲求が問われます。

学校で考えると、クラスの落ち着きがないとか、だらだらしていると、担任にはプレッシャーがかかります。

先輩の先生から、

「あなたの学級は落ち着きがないよね。いったいどうなっているの」

図④

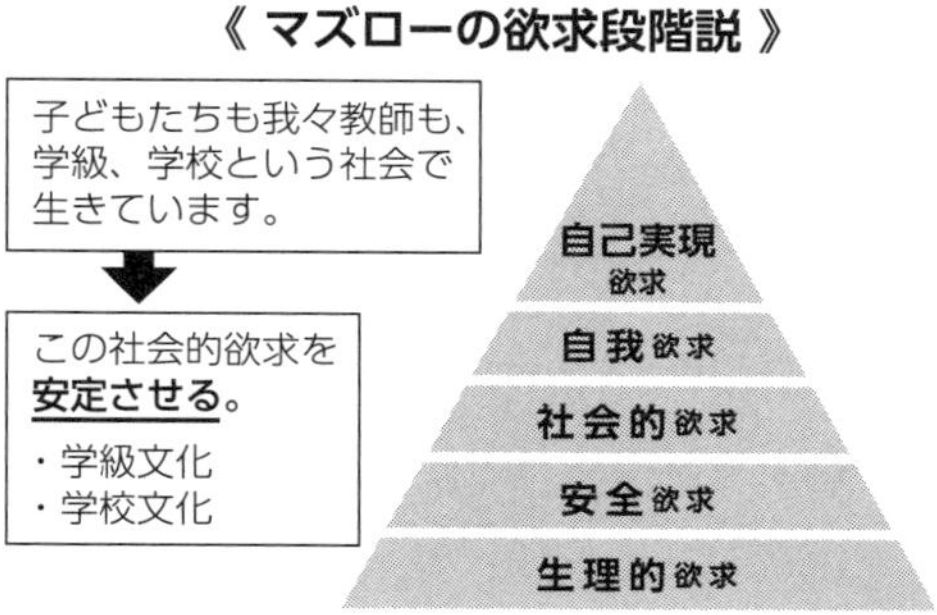

と言われると、普通はまずいと思っちゃいます。

ベテランの先生なら、

「ベテランのくせに、どんな学級経営をしているんだ」

と言われたくないというプレッシャーもあるでしょう。

ましてや、

「私ならあのクラスをちゃんとできるのに……」

など怖れを増幅させるような言葉が、職場で飛び交うようであれば、その重圧は一層厳しくなります。

特別支援的な知見を学ぶことは、このような怖れに支配されることなく、学級経営に不都合なふるまいをする子どもたちを理解し、安全で安心できる学校の文化をつくることにつながります。

「いじめ」と「体罰」

今、大きな社会問題となっているいじめも、原因の一つにこの社会的欲求の問題があるのではないかと思っています。

いじめられている子どもたちは、学級や友達のなかに自分の居場所（社会的欲求が満たされる場所）を奪われ最悪の場合には、命を絶つという悲惨な選択をしてしまいます。

いじめる側の子どもたちも、自己肯定感や自己有用感などの社会的欲求が満たされているとは言えず、弱い立場の友達をいじめることで優位に立った気持ちになって、自己有用感を満たしているだけではないでしょうか。

さらに、そうしなければ、今度は自分がいじめられるという恐怖に縛られているのかもしれません。

体罰や虐待はどうでしょう。これもまた同じです。

教師であること、親であることなどの強い立場や権限を利用していると、殴ったり、蹴ったり、あるいは恫喝したりしても、それがおかしいとか変だとか感じなくなっていくのです。

力での支配を許したり、それに頼ったりする文化があるのかもしれません。この問題は日本の社会全体のあり方としてみんなで考え、立ち向かっていかなければならない、とても重要な問題だと思っています。

学級経営の悪循環

脳の危機管理能力は、大人にも子どもにも必要な能力ですが、時と場合によっては、図⑤のような悪循環を起こします。

子どもたちがおだやかで安定しているようであれば、上の循環のように、担任が叱責しても、子どもたちは服従してついてきます。

逆を言えば、子どもたちが大人しかったら、問題として表面化しにくいということでもあ

図⑤

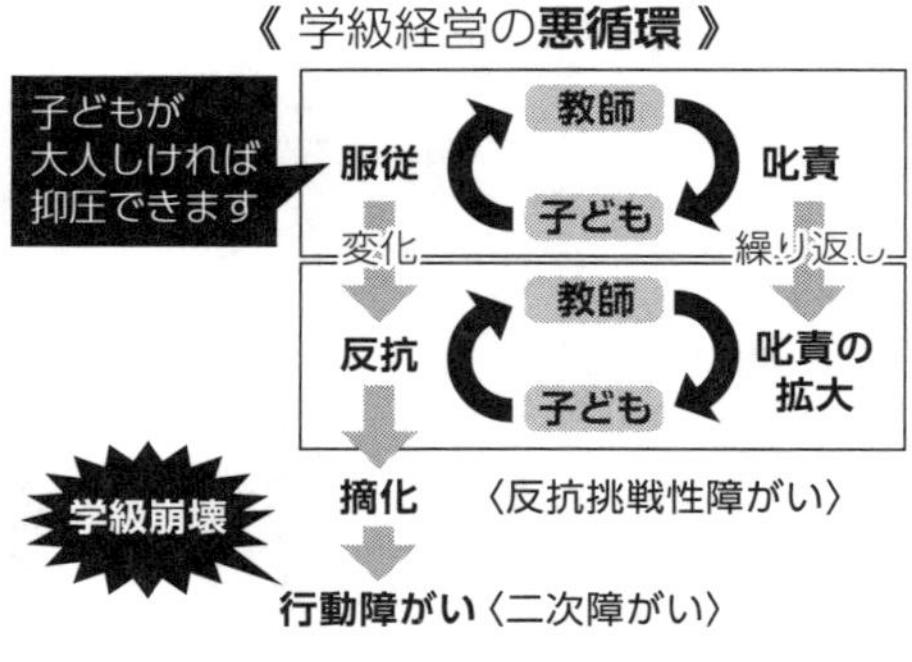

ります。

今クラスが安定しているように見えるなら、

●子どもたちが先生を信頼し、クラスが楽しくて、自己コントロールできるほど成長して安定している

●誰かが怖くておとなしくしている

という、二つの可能性があり、その質を問う必要があります。

荒れているクラスの場合、子どもたちがパワフルで、先生に反抗できるほどたくましかったり、かまってほしかったりして、ますます暴れたりします。ちゃんとさせたい先生は、それを叱責します。すると、子どもたちはさらに反抗して暴れる。それをまたさらに叱る……。これを繰り返すと、子どもたちの扁桃体が、先生を敵と学習してしまうことは「問題行動（33P）」のところでもお話しした通りです。

この時点で、行動障がいという二次的につくり上げた障がい（二次障がい）

が起きます。こうなると、もう学級が機能せず学級崩壊になってしまうのです。

脳の扁桃体を敵に書き換えてしまわないためにも、日頃から感情をこじらせない指導・支援の力が必要です。

子どもたちにとって最大の環境は人です。それは、先生方であり、保護者であり、周りの友達です。

このなかで学級経営の悪循環を断ち切れるのは、もちろん先生だけです。

暴れている子どもたちは、決して、

「僕には○歳から一歳半までの愛が足りないです」

「私は、ＡＤＨＤなのでどうも多動がひどくて……」

と、自分のことを説明してはくれません。

子どもと向き合い、発達の障がいや成育歴を含めて子どもを丸ごと理解し、成長の手助けをすることが先生の大切な役割なのです。

「笑育」プロの教師脳≠指導脳をつくろう

先生が、ブスッとしているより笑顔や微笑みでいる方が、子どもは、うれしいですね。

先生だってできればニコニコと楽しく、子どもたちと過ごしたいと思っているはずです。

「ついつい叱ってしまう自分は、ダメなのでしょうか」

と悩んでしまう先生もいますが、決してダメなんかではありません。

ダメなことをしたら叱るというのは、脳が健康・普通な状態ですから何も心配はいりません。

私なんかムカッときたら、

「良かったぁ、まだまだ健康。悟りの境地なんてほど遠い。生きている値打ちがあるよ～」

と思うようにしています。

問題は、そういう感情と上手くつき合って、どれだけ自分をコントロールできるかです。

嫌なことや失敗があって、不安や心配が湧き上がってきても、「良かったぁ、脳が自分を守ろうとしてくれているんだ。ありがとう！」と思えれば、怖れの世界に落ち込まなくてすみます。

笑育を進めることは、脳の危機管理の仕組みに逆らえる**プロの教師脳＝指導者脳**を創っていくことでもあります。

これは、決して簡単なことではありません。

でも、子どもたちと実践トレーニングを何度も繰り返して、日々失敗しながらだんだんと自分の脳をプロフェッショナルに鍛えていけば、必ず上達していくはずです。

第二章

笑育における子どもと関わるための基礎・基本

笑育における大切な基礎・基本の姿勢は、三つあります。

〈1〉『笑顔』と『微笑み』
〈2〉プラスの言葉かけ
〈3〉たくさん触れる（スキンシップ）

これらは、コミュニケーションの基礎・基本と同じです。

〈1〉『笑顔』と『微笑み』について

いつも笑顔と微笑みで過ごしておられるだろうなぁと推測できる先生は、各学校で何割くらいだと思われますか?

あくまでも、私個人の印象ですが二割弱でしょうか。

つまり少数派です。いつも笑顔でいることは、やっぱり普通じゃない、ちょっと変なのです。

確かに、脳の危機管理能力に逆らって、機嫌よくニコニコ過ごすということは、ちょっと変ぐらいでないと、できないのかもしれません。

教育の世界では、「子どもをしっかり見よう」と言われることが多いですが、逆に先生や親が、子どもたちからどう見られているか（どんなメッセージを発信し続けているか）についても、常に自己点検をして意識する必要があります。

先生が笑顔と微笑みで過ごすことは、子どもたちに対して〝受容している〟という積極的なメッセージを発信し続けていることになるのですから。

学級の空気感をつくっていくものとは

クラスには、それぞれ独特の空気感が存在しています。

その空気感とは、どのように生まれるのでしょう。

いろいろな要素があるのだろうと思いますが、私は、先生と子どもたちとの平素のコミュニケーションから、つくられていくと考えています。

教室に「仲良く、明るく」という目標を貼ったからといって、仲良く明るいクラスになるわけではありません。

教室を廻らせていただいていると時折、黒板の上に「学校で一番明るいクラス」と学級目標が貼ってあって、その下で先生が怖い顔で仁王立ちしているという……。残念なことに、先生がめあてを守らない見本になっていたりします。

連日、教室では、叱ったり叱られたり、ほめたりほめられたり、さまざまな先生と子どもたちとのやりとりがあります。子ども同士のやりとりも、まさに本気のソーシャルスキルトレーニング（ＳＳＴ）として繰り広げられています。

「子ども同士のケンカをどのように先生が裁くのか」

「しょっちゅう忘れ物をしているＡちゃんを先生はどのように叱るのか」

「いつも姿勢が悪いＢさんに先生はどう声をかけるのか」

子どもたちは、先生の様子を常にじっと見ています。

「先生はすごい」と思ってくれることもあるでしょうし、逆に「何でこんなつまらないことで怒っているんだろう」と思われることもあるでしょう。

特別支援教育が必要な、困っている子どもたちは手がかかります。必然的に先生がこれらの子どもたちに対応する回数も、時間も多くなります。

困っている子どもの多いクラスは、先生の対応次第で、みるみる良いクラスになりますし、その逆にたちまち機能しなくなる場合もあるのです。

ワーキングメモリーの少ない子どもたちへの対応

『人は見た目が9割（著・竹内一郎／新潮新書）』という、爆発的に売れた新書があります。

そこに、アメリカの社会心理学者アルバート・メラビアンが唱える〝人が他人から受け取る情報の割合〟という面白い記事があります。

他人から受け取る情報というのは、言葉の内容が七パーセント、声の質・語調（高低、大きさ、テンポなど）が三十八パーセント、表情・態度が五十五パーセントなのだそうです。

つまり、非言語であるノンバーバルコミュニケーションが九十三パーセントを占めているのです。


発達課題がある子どもの八十パーセント以上は、耳（聴覚）に問題を抱えていると言われます。

また、ＡＤＨＤ傾向のある子どもは、ワーキングメモリー（作業記憶）が少ないという聴覚の課題を持っています。

例えば、

「資料集の十五ページを開きなさい」

と指示をすると、すかさず、

「先生、どこ開くの〜？」

と訊いてくる子どもたちがいます。

実は、この指示を聞き取るためには、おおむね三つの作業記憶が必要です。

①資料集を探す
②十五ページを見つける
③ページを開く

ワーキングメモリーが少ない子どもの場合、最後の「開きなさい」だけを聞き取って質問をしてしまうのです。ちゃんと勉強しようという気持ちがあるからこそ尋ねているのです。

それを理解しないで、先生は、「さっきも聞き返しをしたでしょ。ちゃんと聞きなさい！」と叱ることになってしまいます。

子どもたちは、うっかり尋ねたら先生から叱られると分かっていたとしても、抑制が効かないので、何度でも尋ねてしまうのです。

すると先生は聞いていないと思うし、同じことで何度叱っても、しつこく尋ねてくるから、また叱るということになります。

担任であれば、毎度聞いてくるのが誰かぐらいは、予想がつくはずですから、何度も聞き直しをする子どもたちの座席を前方にしておいて、教科書の十五ページをさり気なく見せながら指示をすれば（視覚支援）、わかりやすいですよね。

この他にもこんなやり方はどうでしょう。

黒板に「十五ページ」と書いて、ニコッと指差すのです。せめてこれくらいのサービス精神があってほしいと思うのです。

こういう、微細な親切の積み重ねを日々クラスで行っていくことが大切であり、ユニバーサルデザイン教育の基本姿勢であると言えます。

情報は内容よりも〝誰が言ったか〟が重要

人は嫌いな相手の話は聞きませんから、子どもたちがきちんと座って勉強しているように見えても、実は学習が成立していないかもしれません。

子どもたちが、何に困っているのかを理解して、適切な対応や指導・支援をしていくことはもちろん大切ですが、一番の基本は、子どもたちが安心できるようにすることです。

そのために大人は自分で自分の機嫌をとって、できる限り笑顔と微笑みで過ごしてほしいのです。

これこそが視覚支援の最大のベースです。

それができないのなら、特別支援の知見の活用はできないと言っても言い過ぎではありません。

笑顔の効用

笑顔や微笑みでいることとは、それだけで「私は君たちを受け入れているよ」という、積極的な受容のメッセージを子どもたちに発信しています。これができないと、子どもに嫌われてしまい、先生の仕事ができなくなってしまいます。

こういう話をすると「子どもに媚を売るのですか！」と叱られることがありますが、そうではありません。

これは、自分の責任と意思で、機嫌良くニコニコするということです。

そういう状態を保っておかないと、子どもに怒らされた、イライラさせられたという形で、感情をコントロールされてしまいます。

笑顔には、日常生活で他にも思わぬ効用が期待できます。

笑顔でいると表情筋が刺激され、βエンドルフィンなどの良い脳内ホルモンが分泌されます。その結果、若返り効果が得られて、免疫力もアップすると言われています。また、血行促進、内蔵強化、ボケ防止の効果もあるようです。

ですから、吉本興業さんは最近、お笑いではなく、〝健康産業〟と自ら宣言しています。

さらに、顔の皺も、笑顔の時は十三本、怒っている時には四十七本使うそうです。もうこうなったら、何がなんでも笑っていないと損します。美容と健康のためにもぜひ、笑顔で過ごしましょう。

先手必笑！

子どもたちが荒れているとき（つまり、扁桃体が教師を敵に書き換えているとき）、子どもたちは先生を見た途端に、机を蹴飛ばしたり、暴言に近い言葉を発するなど、不都合なことをします。

それを見たり、聞いたりしてから笑えますか？　おそらく無理でしょう。

だからこそ、面白くも悲しくもない〝ニュートラル〟の状態から笑顔で過ごして、先にニコニコしておくのです。

つまり、笑顔をクセにしてしまうのです。

〝先手必笑〟とは、笑顔で過ごすための大切なコツです。

私は、ある先輩の先生からこんな言葉を教えていただきました。

つくり笑顔と空元気でいこう！
やっているうちに本物になる！

最初から心がこもってなくても良いのです。つくり笑顔をしているうちに、それがクセになって本物になれば良い。

私も、小学校に勤めていたとき「校長先生、サボってますよ」と同僚の先生に注意をしてもらったことがあります。

油断していると、表情はすぐに固まってしまいます。

だから、ガンバルは〝頑張る〟ではなく、斎藤一人さん（納税額日本一の商人）が言うように〝顔晴る〟なのです。

脳の仕組みに逆らうことなく、怒るよりも、一生懸命に笑顔と微笑みでいる人こそが、本当に努力をしている人です。

こころは基準にならない

日本語の〝こころ〟は、二つの語源からできているそうです。

●「ころころ」と一つのところにとどまることなくうつろう→こころ

●凝《こご》る。つまり、煮こごりのように固まってしまう→こころこころとは、うつろい易く一貫性がないうえに、固まりやすくて柔軟性がない、捉えどころのないものだと言うのです。日本語の語源とは、すごいものだと思います。

何が言いたいのかというと、**心を基準にしたら、指導にならない**のです。心は大切にしなければいけませんが、一貫性がなくフリーズしやすいため、基準にすると不安定になってしまいます。

ですから、できる限りいつも安定した姿勢や、行為（あり方）を保ちたいのです。

そのためにまずお願いしたいのは、**『自分の機嫌は自分でとる』**ということです。

世の中の仕組みは、実にうまくできています。

笑わせる、楽しませる、泣かせる、ビックリさせるなど人の心を動かすものは、すべて仕事になります。

お笑い芸人は、人を笑わせることが生業です。ホラー映画や、お化け屋敷も、恐ろしいことを見たり体験したりするために、わざわざみんなお金を払います。ディズニーランドやUSJには、きっと人の心を動かすものがたくさんあるのでしょう。だから、たくさんのリピーターがいるのだと思います。

さて、学校ではどうでしょう。先生が脳の仕組みのままに、腹が立つから怒る、間違えているから叱るという安易な指導を行っていることがままあります。これでは、お金をいただいてはいけないと思います。

動物のなかで、白眼の部分がはっきりしているのは、人間だけだそうです。人間に一番近いと言われるチンパンジーや、ゴリラも白眼ははっきりしておらず、茶色っぽいのです。

白眼の部分がはっきりしているということは、どこを向いているのかが、明確であるということです。

捕食動物のいる自然界では極めて危険ですから、白眼の部分をはっきりさせないことの方が、理にかなっています。

自然の摂理に反してまで、我々人間の白眼の部分がはっきりしているということは、人間がコミュニケーションにおいて、お互いの表情をしっかりと判別する必要があるからだ、と言われます。

この人間の特性を最大限に、生かさない手はないと思います。

「ミッキーマウスに、先生方の笑顔が負けるはずはない！」

と、私は自信を持って言いたいのです。

笑顔と微笑みは危機管理における最強のスキル

危機対応とは、起こってしまった事柄に対して何らかの対応をしていくことです。火事でいえば消火のようなもので、この場合、どうしても後手や受け身になります。また一度火がついてしまっているので、焦げた箇所が出てきてしまいます。

できれば燃えない方が良い。そのためには火事にならないようにする〝防火〟が大切です。これが危機管理です。

危機管理は、防火の意識に近いと思っています。リスクを上手くコントロールして、つまらない事件や事故が起こらないように、普段から努力するのです。

平素から、笑顔を通して子どもたちに、「君たちに会えてよかった、先生は君たちを受け入れていますよ」というプラスの発信をすることで、子どもたちに安心や信頼の種を、積極的に蒔くことができます。これを私は「笑顔貯金」と呼んでいます。

笑顔は、危機管理において最強のスキルになるのではないでしょうか。

〈2〉プラスの言葉かけ

学校は日々の活動を通して、子どもたちの豊かな感性や感受性を育てていく場でもあります。しかし感情（心）のコントロールほど難しいものはありません。もし、怒りを抑えてしまうと、喜びや悲しみといった他の感情はどうなるのでしょうか。これらの感情の波もまた、平坦になってしまいます。

それでは、学校は子どもたちが生き生きと活動する場ではなくなってしまいます。ですから、コントロールの対象を感情ではなく、表情や言葉、仕草など表面に出すもの（アウトプット）に絞ってみてはどうでしょうか。

腹が立つのは健康な証拠ですから、怒ってしまうことを悩む必要はありませんし、「オレはここだ〜」「私はここにいる！」と、必死でアピールする子どもたちを冷たく無視してもいけません。

しかし、叱り続けると、扁桃体が敵に書き換わってしまいます。かといって、どのように言葉をかけたら良いのかも分からなくて、暴れている子どもの横でただニコニコしているのもおかしな話です。

暴言や暴力で荒れを表出している子どもたちに、どのような言葉をどうかけていけばよいのかについて、これからお話ししたいと思います。

笑顔という視覚支援ができたのですから、次は言葉（聴覚支援）に進んでいきましょう。

プラスの言葉を発するために、脳の性質を知る

人は、一日に六万回思考すると言われています。

ネガティブな思考がクセになっていると、「しんどいなぁ」、「大変だぁ」など、マイナスの言葉が無意識のうちに出てきてしまいます。

これが口グセになると、脳はしんどい理由、大変な理由を次々に考えるようになっていきます。

つまり、脳の中では、言葉が先にあって理屈が後に作られるのです。

この脳の性質を知らないと、いつの間にかネガティブサイクルにどっぷりはまる、ということになりかねません。

次に、脳は否定語をイメージできないということも、知っておいてほしい脳の性質です。

ちょっと試してみましょう。

次の文章を読んでみてください。

〈サングラスの□モリさんの顔を思い浮かべないでください〉
〈□石家□んまさんもダメです〉
〈笑□亭□瓶さんはもっとダメです〉

いかがですか。
名前の一部を隠してみましたが、それでもサングラスのすました顔や出っ歯の笑顔、なんとも言えない愛嬌のあるたれ目の表情が浮かんできてしまったのではないでしょうか。それで正常。問題無しなんです。

学校に掲示してある、〝めあて〟を思い出してみてください。
典型的なものに、「廊下・階段を走らない」があります。
子どもたちの脳では、廊下や階段を走っているイメージが鮮明に浮かびます。
これでは目標がマイナスに働いている可能性もあるのです。
こういう場合は、「廊下・階段は歩きましょう」にします。

すると、子どもたちの脳に、歩いているイメージが浮かぶはずです。

先生は、授業や学級指導をおおむね言葉で行っていますから、否定語がクセになっていると、

「忘れ物はしない」

「姿勢を崩さない」

「遅刻はしない」

など、否定語ばかりで指導している場合があります。

クセなので、先生自身はまったく気づかず、毎回子どもたちにマイナスイメージを植えつけていることになります。

ここをちょっと改善するだけでも、指導や支援の相当な力量アップになることが分かっていただけたと思います。

万葉集で「大和《やまと》の国は言霊《ことだま》の幸《さき》はふ国」と記されているように、日本では古来、言葉には霊的な力が宿ると考えられてきました。良い言葉は良い出来事を導き、逆に悪い言葉は悪いことを生む。指導の場でも、良い言葉を口グセにし

て、良いことを呼び込んでいきましょう。

プラスの言葉かけのコツ

教師の仕事では、子どもたちができていないことや、ルール上で間違っていることを指導・支援する場面に日々遭遇します。

その際つい口調が厳しくなったり、叱ってしまいがちですが、それではますます関係が悪くなってしまいます。

そうならないために、四つの良い言葉かけを実践してみてください。

一つ目は、「**ファーストコンタクトの言葉**」です。

皆さんが困っている子どもたちに出会ったとき、生産的能力の低いこれらの子どもたちは、おおむね不都合な言動をしています。

姿勢が崩れてグニャグニャとか、授業が始まっているのに机の上に教科書も出ていないとか……それが目に入った瞬間、最初にどんな言葉をかけますか？「コラ〜」ですか？「何してるんだ！」でしょうか。

ぜひファーストコンタクトの言葉として「大丈夫？」（優しく穏やかに）と言ってみてほしいのです。目の前に何か通常ではない状況があるのですから、まずシンプルに「大丈夫？」と声をかける。そうすれば、いきなり怒られているわけではないので、会話につながりやすくなります。

ボタンの掛け違いと言いますが、ファーストコンタクトの言葉で怒りをぶつけてしまっては、その後の展開が上手くいくはずがありません。

この「大丈夫？」を口グセにしてみてください。

二つ目は、「**見たまんま法**」と私が呼んでいるものです。

クラスに、姿勢が悪くて、机から足がはみ出している子どもがいるとします。それを見たまんま、そのまんま子どもに伝えるのです。

「足、出ているよ」

たったこれだけ。超簡単でしょう。

感情をのせず、明るく淡々と言うことが大切です。

そうすれば教師は、気づいて足を引っ込めた子どもをほめたり、「ありがとう」と言えたりもします。

感情的な言い方をしたのでは、子どもが足を引っ込めても感謝できませんし、元気な子どもには、反発されるかもしれません。

ただ、この見たまんま法を、とんでもなく間違った方法で使う先生もいます。躾が厳しい先生に多いのですが、ちょっと机の上に手が出ているだけで、「手ぇ～！！！」と叫ぶんです。

その声に子どもたちが、ビクビクしてしまっては、残念ながら逆効果です。


三つ目は、「**YOUメッセージとI（愛）メッセージ法**」です。

ほめるときは、YOUメッセージで、〝あなた〟を主語にして思いっきりほめたり共感したりしましょう。

「あなたはすごい！　よく努力したねぇ」

「あなたは、こんなに成長したんだ。立派だなぁ。うれしいなぁ」

など素直に表現しましょう。

一方、指導するときや、叱らなくてはならないときは、I（愛）メッセージの出番です。

主語を自分（I）にして言葉をかけるのです。愛を込めたIメッセージと覚えてください。

廊下を走っている子どもを見つけたとき、「お前たち（YOU）何で廊下を走ってるんだ！」では、アウトです。

こんなときは、「（私は）廊下を走ったら危ないと思うよ」と、Iメッセージを送りましょう。

目的は、子どもたちが安全に廊下を通行できるようにすることや、めあてを守れるようにすることで、叱りつけて言うことをきかせることではありません。

I（愛）メッセージで伝えられると、子どもたちは、自分たちが守られているような気がして、「うるさいなぁ」とはなりにくいものです。

四つ目は、**「ユーモアプラス法」**です。

ユーモアは、ラテン語で〝体液〟を意味するフモールという言葉が語源です。最初の意味から、人の体調へと変わり、さらに〝調子の変わった面白い人物〟を指すようになったそうです。

実際にユーモアを理解するのは、生き物のなかで私たち人間だけ。笑顔と合わせて人間最高の知恵だと思います。

放課後や休み時間、子どもたちと他愛無い話をするときでも、可能な限り楽しく、明るく話をしたいものですよね。

私が校長として、登校してくる子どもたちを校門で迎えていたとき、こんなことがありました。

その頃、高学年の子どもたちは、とても荒れていました。

「おはようございま〜す」。その日の朝も、私は精一杯のつくり笑顔と空元気で声をかけていました。

そのとき、突然後ろで「ガッシャ〜ン」と大きな音が響き渡りました。

高学年のある男の子が、鉄製の門扉を思いっきり蹴とばしたのです。

一緒に集団登校していた低学年の子どもたちは、凍りついています。

一瞬、怒りが込み上げて来ましたが、思わずこんな言葉が出たのです。

「何食べたら、そんなに強いキックできるの？」

すると、

「何も食べてないわい」

と返ってきました。

「えっ、何も食べてないの。今日の給食はなぁ……」

と言いながら、私は穏やかに話を続けることができました。

実はこのとき、私は他の子どもたちと話をしていて、うっかり彼が登校して来たことに気がついていなかったのです。

あれだけ強く門扉を蹴ったら、さぞかし足が痛かったでしょうが、「俺はここに居るぞ、相手をしてくれ」という彼の精一杯の表現だったわけです。

「大事な門扉を蹴とばすなよ！」と怒鳴ることもできたかもしれませんが、それでは、前にお話ししたように、飛んで火に入る夏の虫。彼にマインドコントロールされて、怒りの渦に巻き込まれてしまったことでしょう。

いつも、こんなに上手くいくわけではありませんが、とても印象的な朝の出来事でした。

〈3〉たくさん触れる（スキンシップ）

ボディイメージを高めるスキンシップ

虐待やネグレクトによって、〇歳から一歳半の間にスキンシップが決定的に不足している場合、自己と外部とのやりとりが上手くできなくて、さまざまな問題が起こることは容易に想像できます。

そういう子どもに接する場合、大切なのは、我々大人の側から**意識的にスキンシップを増やす**ことなのです。

抱きしめる、手をつなぐ、握手をする、背中をなでる、軽く肩をポンとたたく、ハイタッチ……など、子どもたちそれぞれの特性、性別、学年、年齢などに応じて工夫をしたいものです。

低学年ならば、言葉だけの挨拶ではもったいない。「お・は・よ・う・ござぃまぁ〜す」とか言いながら、抱きしめて背中をしっかりとマッサージしてあげるくらいのサービスが必要です。

スキンシップは、人からもらうしかないものなのです。先生だけでは足りないと思ったら、子ども同士でふれ合える工夫をするのもいいと思います。

二人組でする体育の準備体操をつくったり、フォークダンスを復活させたり、その気になればいろいろとできることはあると思います。


十分なスキンシップを得るということは、皮膚感覚を通して、自分のボディイメージを高めることであり、自分の存在が確かになるということでもあります。

以前、一年生を観察していて驚いたことがありました。

友達としょっちゅう揉め事を起こしてケンカになり、担任を困らせている子どもがいました。その子どもを観察していると、友達とすれ違うとき、十分な幅とスペースがあるのにも関わらず、ぶつかっていることに気づきました。気持ちが荒れているために、ワザとやっているのかとも思ったのですが、よく観察していると、そうではないようなのです。

ボディイメージが十分でないと、どこからどこまでが自分の体なのか、手足がどこまでなのかが分からず、相手との距離感や間合いが掴めなくて、ぶつかってしまうのです。

十分なスキンシップを通して、しっかりとしたボディイメージをつくらなければ、人間関係まで不器用になってしまうのかもしれません。臨床発達心理士の山口創氏は『子どもの「脳」は肌にある（光文社新書）』という著書のなかで、「皮膚は、実質的に身体最大の内臓である。人間が思考や感情を生み出すのは、脳ではなく腸などの内臓と皮膚である。脳は、その活動の単なる現われにすぎない」と述べています。

さらに、「十分な身体感覚や皮膚感覚というものは、豊かな心を育むためには不可欠であり、十分なスキンシップから得た『安心感』が自立して世の中を探求していく基盤になる」とも言っています。

心理学的に考えると皮膚は、自分（自我）の内部と外部を隔てているまさに、境目の部分だと言えます。

なるべく早い段階から、スキンシップを意識した指導や支援をしていきたいものです。

それにしても、感心するのは日本の昔遊びです。

おしくらまんじゅうは、互いに背中を押し付け合って自己認知のためのボディイメージを高めていくのに役立ったと考えられますし、鬼ごっこは、相手を追いかけたり捕まえたりすることで、人との距離感や間合いを掴むことにつながります。あやとりやコマ廻しは、指の微細運動を鍛える絶好のトレーニングになっていたのではないでしょうか。

現在は、このように子どもが集団で遊ぶ場や機会が失われています。公園で仲良く遊んでいるなぁと思ったら、ゲーム機を持って親指だけを動かしていた、という場面も見かけます。

現場の先生方から、特別支援の必要な子どもが増えているという声をよく聞きますが、遊びの変化も要因の一つという気がしてなりません。

姿勢の指導・支援から

教室の巡回をしていると、子どもたちの姿勢で悩んでいる先生がたくさんいます。

すぐにだらりと姿勢がくずれてしまったり、机の横から足がはみ出したりして、学習する前の段階でつまづいているような子どもたちがいるのです。

さて、次の写真（81Ｐ）を見て、どんなことに気がつきますか。

これは、〝空書き〟という方法で漢字の指導をしている場面です。

先生はまず黒板に今日勉強する漢字を、書き順を唱えながら大きく板書しました。そして、子どもたちが見やすいように左手で、しかも漢字の裏側から、空中に文字を書こうとしているところです。がんばっているでしょ。

それにしても、随分と姿勢の悪い子どもが何人もいるなぁ、と気になった方も多いと思います。

クラスで一斉に学習しているというのに、空書きしていない子どもや、寝ちゃっている子もいます。手が真っ直ぐに上がっている子どもが少ないし、ボーっとしてマイワールドに入っている子もいる……。

きちんとした指導をモットーにしている先生のなかには、

「いったいこのクラスの学級経営はどうなっているんだ。ちゃんと躾をしなくてはダメだ！」

「学級経営は上手くいっているのかなぁ」

と心配する方もいるかもしれません。

あるいは、

「寝ちゃっている子どもがいるけど、昨日の夜はちゃんと睡眠をとれたのかなぁ」

「ボーっとしている子どもは、ゲームのやり過ぎなのかなぁ」

など、保健指導的や生徒指導的な視点で見てくれる方もいるでしょう。

もし、自分が授業者だったら、ここで子どもたちにどのような指導・支援をするでしょうか？

ひょっとしたら、

「こら起きろ！　ちゃんと座らんか！」
「手をピンと伸ばしなさい！」
と怒鳴りたくなるかもしれません。

先生方には、このような姿勢の子どもたちを見たとき、子どもたちになにか困っているところがあるのかもしれない、と想像してみてほしいのです。

写真に写った子どもたちの様子から原因を具体的に考えてみましょう。

Ⓐ右から二列目の前から二番目の男の子
〈姿勢〉自分の世界に入っている
〈原因〉注意機能が弱い
Ⓑ同列三番目、左利きの男の子

〈姿勢〉左手が前に出たら右肩が後ろに行っている
〈原因〉体の動きが不器用
Ⓒ右から三列目の前から二番目の女の子
〈姿勢〉手の上げ方がくにゃっとしている
〈原因〉低緊張気味
Ⓓ右から四列目の前から二番目の男の子
〈姿勢〉随分ピシッと座っている
〈原因〉過緊張気味。周囲の子どもたちと上手くコミュニケーションがとれていない可能性がある

もし姿勢の悪さが発達や障がいの問題からきているのであれば、何度注意をしても、すぐに不思議な姿勢に戻ってしまいます。

ときおり、良い姿勢の指導として、「両足トントン、地面にぴったり着ける。背中はピン！　手は後ろ！」と子どもたちを椅子に縛り付けるような指導をする先生がいますが、皆さんはその姿勢で何分もちますか？　多分、三分もする

と窮屈に感じると思います。

感覚の統合がうまくいっていない子どもたちのなかには、姿勢を意識すると、他のことにまったく気が廻らない子どももいるのです。その場合、たとえ健気に座ってくれていても、先生の話をほとんど聞けていない可能性があります。担任の経験がある先生ならすでに、そのような子どもの顔が浮かんでいるはずです。ひょっとしたら部下の顔が何人か思い浮かぶ管理職の方もいるかもしれません。

皆さんは今、リラックスした姿勢で本を開いていると思います。

「姿勢が悪くても良い」と言っているのではないのです。良い姿勢がどういうものか知らなければ、子どもたちにはできません。

ただ、それを伝えるときに、叱ったり怒ったり、無理強いしたりするのではなく、なぜ姿勢が良いことが大切なのかを丁寧に説明し、指導・支援をしなくてはならないのです。

困っている子どもたちは、いくら叱っても、低緊張や過緊張の姿勢にすぐに戻ってしまうでしょう。子どもたちがなかなかできないことに対して腹を立てないでいただきたいのです。

では、どうすればよいのでしょうか。

姿勢はなぜ大切か

なぜ姿勢がそれほど大切なのでしょう。見た目の美しさでしょうか？　確かに、だらしないと印象は悪いです。ビシッとしていると気持ちが良いからでしょうか？　でもそれは、見ている先生が気持ち良いというだけです。長時間維持できない無理な姿勢であれば、子どもたちは気持ちいいはずはありません。

脳の視点でとらえると、姿勢は空間認知能力と大きく関連しています。

姿勢が良いと目線が定まります。すると、視覚情報を正確に理解し、体をコントロールできるのです。

一方、姿勢が悪いと目線の歪みが生じ、脳は常に視覚情報の歪みを修正しなければなりません。すると、脳は疲労してしまうのです。つまり、姿勢が良くないと長時間の課題や学習に耐えることはできないのです。

空間認知能力とは、空間のなかで位置や形などを認知する脳の能力のことですが、この機能を持った脳細胞は、空間認知中枢や言語中枢など脳のさまざまな部位に存在することがわかっています。

人は思考するときや体を動かすときにも、常に空間認知能力を使っています。黒板の字を写す、本を読んでイメージを膨らませる、バスケットボールで友達からのパスを受けるなど、さまざまな場面で重要な役割を果たしています。

また、時間も時空という空間ですから、「来週の金曜日に」など時間の長さをイメージするためにも、この能力を使います。

そして、空間認知中枢の隣には、数字の処理中枢があるため、空間認知能力が低いと数字に弱い傾向があります。

運動が苦手、物事が覚えられない、仕事が遅いなど、空間認知能力が低いと、何をやっても上手くいかない……と、なりかねないのです。

〝空書き〟をなぜするのか

空書きは、新出漢字を覚えさせるというだけでなく、空間に文字をイメージする空間認知のトレーニングでもあります。

空書きの前に、その日に学ぶ新しい漢字の書き順を唱えながら丁寧に板書するのも、視覚認知と聴覚認知で子どもたちに働きかけているのです。

先生がわざわざ左手で、漢字の裏側から空書きすることは、子どもたちから見やすくして、視覚認知からの支援をする意味があります。

そして、クラスみんなで一斉に書き順を唱えて空書きをするのは、視覚認知と聴覚認知を同時に使うだけでなく、困っている子どもたちにとっては、しっかりとがんばっている子どもたちが、大切なモデルになるからです。

学級経営が上手くいっていれば、困っている子どもたちも、みんながやるという流れ（学級のダイナミズム）に乗って、一緒に学ぶことができます。

一学級の子どもの定数が多い日本では、良い学級づくりが学習の基礎になっていることがわかると思います。

空書きの後は、人差し指で机やノートに指書きをして触覚認知も使います。書き順を唱えながら指で漢字がスムーズに書けるようになるまでは、鉛筆を持たないほうが良いのです。

微細運動の障がいがある子どもたちにとって、鉛筆を持つことそのものがひと苦労だからです。

初めて出会う漢字を覚えながら、必死で鉛筆を持つという、一度に複数の難しいことをするのではなく、漢字を覚えることに焦点をしぼった方が、子どもにとっても効率が良いのです。

漢字を覚えるために、ノートに書くというのは、視覚認知と触覚認知しか使っていないことになります。

困っている子どもたちは、認知面のどこかに苦手を抱えています。それでもその苦手を他の得意な部分で何とか補いながら、クラスのみんなと勉強や運動をがんばっているのです。

子どもたちの認知特性はさまざまですから、空書きのように、できるだけ多くの認知を使った方が、課題を覚えることにつながり易いですし、そのことが、子どもたちの認知能力を鍛えることにもつながっていきます。

空書きを認知面から考えていると、このように大切な意味がみえてきます。ちょっと意識しながら指導を進めていくと、達成感が違ってくると思います。

体と心は一つ

困っているところを、暴言や暴力で表出させている子どもたちがいたとしましょう。

その荒れている心を取り出して、きれいに磨き上げ、元の場所に戻せたらどれほど楽でしょうか。しかし、残念ながら心は見えませんし、触れることもできません。

体はどうでしょう。

運動をしているとき、私たちは、マリオネットのように脳が体を動かしているというイメージを持っています。では、体が先に動いたら、そのとき脳はどうなるのでしょう。つながっている神経ラインで、自ずと脳も動いてしまうはずです。

つまり、体を鍛えることが、脳を鍛えることにもつながるのです。

人間の進化をみると、脳より先に手足（体）が発達したという説もあります。数億年前、海水の塩分濃度の上昇に耐えかねて陸に進出した我々の祖先は、思いのほか食料が少なく陸上を歩き回ったようです。そのため手足が発達し、その後脳も発達したと言われます。

究極的には、脳もまた自己保存（生き抜く）のために発達したわけです。

学ぶための力

私たちが学ぶためには、

●聴覚的注意の力（注意を向けて話を聞く）
●ワーキングメモリーの力（聞いたことを記憶する）
●聴覚・視覚の認知力（聞いたことや見たことを意味のある言葉と結びつける）
●空間認知の力（文字を読み書きするために大きさや位置、方向、形をとらえる）
●巧緻性（文字や絵に表すときに鉛筆や道具を操作する）

など、さまざまな基礎的能力が必要です。

〝学び〟に必要な能力を伸ばすには、子どもたちの心身が年相応に発達していることが重要です。しかし、不器用さや覚醒レベルでの問題を抱えていると、レディネス（心身の準備状態）が十分に整っているとは言えません。

発達の順序性と運動発達の図（図⑥）を見ると、いわゆる、読み・書き・そ

図⑥

《 発達の順序性と運動発達 》

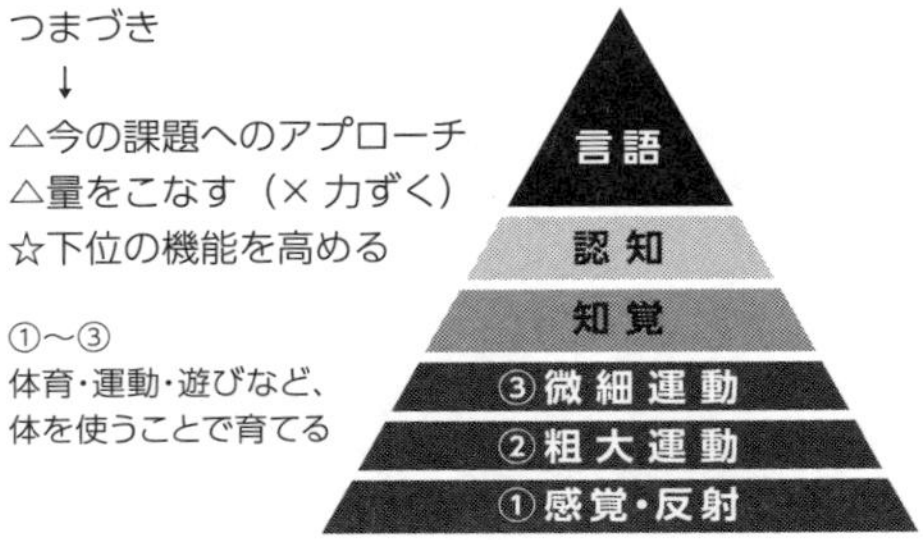

ろばんは、すべて言語活動ですから、ピラミッドの最上位に位置しています。

その言語活動を支えているのが、次の三つです。

①感覚・反射〔飛んできたボールに思わず目を閉じるような大脳を介さない動き〕

②粗大運動〔胴体と四肢の大きな筋肉が供応する動き。動くための姿勢（平衡、移動など）を指す〕

③微細運動〔腕と手を使った運動〕

ひたすら漢字を書かせる前に、あるいはひたすら計算をさせる前に、ピラミッドの下の部分で子どもが困っていないのかを、見ていく必要があります。時間と手間はかかるかもしれませんが、ピラミッドの下位にある基礎的な能力を鍛えなければ、その上を積み上げることは不可能なのです。

脳の注意システム

次に脳の注意システムから、学習の基礎を養うためにも、体を鍛える必要があることをみていきましょう。

注意システムとは、脳幹にある覚醒中枢の青斑核を起点として、四方に広がる双方向のネットワークのことです。

ここから脳全体に信号を送って、注意を喚起しています。このネットワークには、報酬系中枢、辺縁系、大脳皮質、小脳といった脳のさまざまな部分が関わっています。

この注意システムの回路を調節しているのが、神経伝達物質のノルアドレナリンとドーパミンです。

ADHDの研究は、この二つの神経伝達物質を調整する遺伝子に注目して行われています。

扁桃体や、報酬中枢、前頭前野、小脳など脳各部の絶妙な働きについては省きますが、ここで、我々が注目したいのは、

「注意力、意識、そして体の動きを司る部位の多くは重複している」

という事実です。

学習においては、情報に注意を向けること、そしてその情報がスムーズに流れることが重要です。体の動きを司る部位と注意システムの多くが重複しているのであれば、体を鍛えることによって学習における困難さを改善できる可能性があるのです。

体と心は一つ、子どもたちはそこに一人、です。

ある保育所で、四歳児が初めて、こおり鬼をしてみんなで遊ぶ様子を見せていただきました。こおり鬼は、鬼役にタッチされたら凍ってそこで動けなくなるという集団遊びです。四歳児の発達段階では、ルールを理解してみんなで遊ぶこと自体が難しいのですが、保育のなかで意図的に取り上げたわけです。

この遊びには、鬼役の先生を見て（そのとき、必要な対象に注意を向ける）、距離感を察知し（空間認知）、タッチされたら止まる（ルールの理解とボディイメージ）という学びの要素があります。

その際、ちょっと残念だったのは、鬼役の先生が動きの遅い子どもたちから先にタッチしてしまっていたことです。確かに、タッチしやすいのですが、この遊びから学べることを意識していれば、動きの遅い子ほどあえてタッチせず、できるだけ長い時間、感覚を鍛える必要がありました。

体力勝負となりますが、意図的に動きの素早い子を狙い、動きの遅い子はできるだけスルーして、最後まで鬼ごっこに巻き込んでいくことで、子どもの体をしっかり鍛えていくことができるのです。

遊びのなかには、我々が人として発達していくための大切な要素がたくさん含まれています。

〝よく遊び、よく学べ〟といいますが、よく遊ぶことは、よく学ぶための基礎的な能力を養っているのです。指先しか使わないゲームでは、空間認知の能力やボディイメージは養われません。

現状をふまえ、子どもたちの不器用さや、経験不足などを改善するための、さまざまな運動や遊びを、これからも研究していきたいと思っています。

〝パニック指導〟にならないために

〝パニック指導〟とは、教師が自分を見失った状態で指導をしてしまうことです。一つ事例を紹介しますので、一緒に考えていきましょう。

ある小学校で水曜日の午後、高学年が運動会の演技種目を練習していました。週末には運動会が迫っていますが、天気予報ではあいにく木曜日も金曜日も雨のようです。

朝会台で、演技の指揮をしていたのはベテランのA先生（男性）でした。先ほどから、後ろの方で練習に気持ちが入っていないように見える自分のクラスのBさん（男子）の姿が目に入ります。

あまりにも、ダラダラしていると感じたA先生は、Bさんを列から引っ張り出し、

「みんなは一生懸命やっているのに、その態度はなんだ」

と全体の前で厳しく叱責しました。

引っ張り出されたとき、Bさんは膝に軽い擦り傷を負いました。

さらに叱責したときに、A先生が持っていた縄跳びの縄を地面に叩きつけたため、縄の柄が壊れ、その破片がBさんに当たりましたが、そのことによるケガはありませんでした。

これは、あきらかに行き過ぎた指導であり、体罰事例と言っても過言ではありません。どうすればこのような状況を防ぐことができるのでしょうか?

普段のA先生は、ベテランらしく温厚で冷静に子どもたちを指導することで知られていました。しかし、この事例では、明らかに平素の自分を見失った状態でした。

これは、平常の自分を見失いパニックになった状態の指導だと言えるでしょう。

ここまでいかなくとも、教師の仕事をしていると、生産的能力が十分ではない子どもたちのために、小さなパニック指導が行われる可能性は高いです。

もう一つの事例をあげます。

ある小学校から、教室の訪問指導の依頼を受けたときのことです。校長先生と並んで階段を上がっていくと、一年生が、首からピアニカをぶら下げて、押し合いへし合いしながら廊下を歩いてきました。音楽会の本番が近いので、全体練習のために体育館へ移動しているところでした。私は、子どもたちの発達の見取りをするため一年生の教室で掲示してある子どもたちの絵や作文など、作品を見せていただいていました。そこへ、

「アンタら、また遅れてきて！　何べん言うたらわかるのー!!　もう教室に帰れ〜！」

と先生の怒鳴り声が、廊下に鳴り響いてきたのです。

しばらくの沈黙の後、

「いつもは、明るくて面白い先生なんですけど」

とおっしゃる校長先生……。

続いて他の教室を訪問するときの、気まずいこと気まずいこと。このことがあったので、放課後に行う研修の内容を、予定していたものから急遽変更させていただいたことを覚えています。

これまでこの子どもたちが、何度遅刻してきたのかは知る由もありませんが、この様子を見たら、弁解の余地はありません。指導とはとても呼べない恫喝的な場面であり、これも明らかに体罰と同じです。

この若い女性の先生も、先ほどの男性の先生と同じくパニックになって、いつもの自分らしい指導・支援ができなくなっており、安全・安心の学級づくりからは、ほど遠い状態になっています。

どうすれば、パニック指導にならずに、いつもの自分らしい指導・支援ができるようになるのでしょうか?

大きく分けて、次の四つのポイントがあります。

〈1〉特別支援の知見をいかした子ども理解をすすめること
〈2〉自己コントロールの力を高めること
〈3〉仕組みをつくること
〈4〉学級（学校）文化をつくること

それでは、〈1〉から順番にみていきたいと思います。

〈1〉特別支援の知見をいかした子ども理解をすすめる

子どものタイプによって、理解や関わり方がかわってきます。

愛着不足タイプ

二つの事例であげた子どもたちが、もし愛着不足の子どもであったらどうでしょうか？　怒られている間ずう〜っと、その先生を一人占めできています。先生は、子どもたちにマインドコントロールされて、怒らされているのです。すぐに怒る先生ほど、操縦しやすい簡単な相手はありません。怒られるので、子どもたちは怖がっているように見えるかもしれませんが、はたから見ていると怒られているのに、なぜか嬉しそうにしている子どもに出会うことがあります。また一方、「すぐに怒るなぁ」と心の中でバカにしている可能性もあるかもしれません。

怒るという行為で子どもたちの相手をしていますが、怒ることで交感神経優位となり過ぎますので、お互いの健康に良いはずはありません。くれぐれもご用心を！

コミュニケーション力が低いタイプ

一つ目の事例の子どもは、おそらく相手の気持ちや、周りの空気を読むことが苦手だと思われます。運動会に向けて、みんなが一生懸命にやっていることを、感覚としてなかなか理解できないのかもしれないです。

明日明後日が雨で、今日の練習が最後になるかもしれないと、先生が焦っていることを推察するのは難しいのです。つまり、人の気持ちがわかりにくくて困っているだけで、何も悪気はないのです。

先生がそこに気づいたら、もっと冷静に指導・支援ができたのではないでしょうか。

注意欠陥タイプ

注意欠陥というのは、今集中しなくてはならない課題に集中できないということですから、一生懸命指示をしている先生の話を聞くのが苦手だということです。

だから、「何回注意したらわかるんだ！　困ったやつだ！」と怒るのは筋違いです。困ったやつではなく、〝困っている〟子どもなのです。

ある学校で研修をしたとき、こんな相談を受けたことがあります。

ウチのクラスのAさんは、私の話を聞いていないんです。

何度注意しても、いつもいつも聞き直しをしてくるんです。

それから、あんなに叱ったのに（どれくらい叱ったのだろう）次の日には何事もなかったかのようにケロッとして、うれしそうに「先生おはよう！」って近づいてくるんです。

いったい、どうなっているのでしょうか……。

ADHDといわれる子どもたちの中には、ワーキングメモリーが少なくて、一つしかない子どももいます。

でも、がんばって勉強しようとしているから聞き直しをしてくれるんです。「やる気があってえらい」とほめてあげたいくらいです。

それなのに、あんなに叱った効果がちっともない、反省をしていない、先生をバカにしている、と思っていませんか？

衝動性の高い子どもは、先生に叱られるよりも先に、尋ねてしまうのです。「何度言ったらわかるの！」と叱られてから思い出すんです。手遅れですが……。

叱っているとき先生のベクトルは、本当にその子どもに向けられているでしょうか。おそらく、自分の言う事を聞いてくれないことに対する不安や苛立ちで、子どものために指導していると言いながら、ベクトルは自分に向いてしまっています。

きっと人柄のとっても良い子だから、あんなに叱られたことを忘れてくれていて、実際は子どもに助けてもらっているのです。

どれほど、お叱りになったのかは分かりませんが、その子どもが〝あんなに叱ったこと〟をずっと覚えていたら一生恨まれます。

叱ってばかりでは、子どもたちの自己肯定感や自己有用感を奪っているだけで、生きる力を育んでいるとはとてもいえません。

このような悲しい指導・支援の仕方からは卒業していきましょう。

〈2〉自己コントロールの力を高める

パニック指導に陥らないようにする鍵は、自己コントロールの力にあります。自分をコントロールするために、必要な知識と取り組みについて考えてみましょう。

脳の情報の流れ

まずは脳の情報の流れについて、確認をしたいと思います。

脳医学者の林成之氏によれば、視覚や聴覚など五感からの情報は、大脳皮質神経細胞の神経中枢が知覚されたあと、感情のレッテルを貼るＡ一〇神経群に入ります。その後、前頭前野（判断や区別）、自己報酬系の神経群（達成や満足）、線条体・底核・視床など（意思決定や運動）、海馬・大脳辺縁系（記憶）などに送られていき、神経群を情報が高速で回りながら、思考や思いを生み出しているというのです。

大切なのは、情報が必ずその門番であるＡ一〇神経群を通過してから、次の場所に回っていくという事実です。

つまり、情報には、必ず最初に感情（好き、嫌い、面白い、つまらない等）のレッテルが貼られるということです。

いくら、感情で物事を見るような大人げないことはしないと言っても、この脳の仕組みは、無意識の領域で行われていることなのです。

最初にポジティブなレッテルが貼られた情報に対しては、脳が活性化し思考力や理解力、判断力などが十分に働きます。逆にネガティブなレッテルが貼られた情報には、脳は十分に働きません。

情報は、内容そのものではなく、〝誰が言ったのか〟にあるということが、脳科学的にも証明されています。情報を得る側にとっては、内容よりも、〝誰が言ったのか〟の方が重要だということです。
いつもしかめ面や怒り顔をしていると、無意識に発信した情報によって、いつのまにか子どもたちに嫌われているかもしれません。

これを学級経営（あるいは、リーダーの仕事）に戻して考えてみましょう。
子どもたちに媚びを売る必要はありませんが、子どもたちから嫌われたら、先生は仕事になりません。

教室を訪問していると、子どもたちは掲示されている作品や座っている姿勢から、「ぼく（私）困っているよ～」とたくさんの信号を送ってくれています。困っている子どもたちが大勢いるにもかかわらず、妙にキチンと座っているクラスもあるのです。もし、その状態が〝先生が怖いので座っている〟としたら、子どもが成長しているとは言い難いです。

ましてや、そういう怖い先生に指導力があると勘違いしていたら、今後も体罰やいじめが発生し、子どもたちや先生を苦しめるでしょう。本当にそのような文化が学校にないのかを、考えてみる必要があると思います。

逆に、学級内の信頼関係が感じられ、子どもたちが伸び伸びして先生のことが大好きだとわかるクラスもあります。

どちらも落ち着いて見えるクラスですが、中身は天と地ほどの差があります。

脳が健康で普通ならば、危機管理の脳である扁桃体が働いて、

▲やる気のない子ども

▲乱暴な子ども

▲姿勢の悪い子ども

などにすぐ目がいきます。

小学一年生くらいだと、「先生、〇〇くんがこんなことしました」などと悪いことばかりを言いつけに来ませんか？　友達の悪い面ばかりに目がいき、そうやって訴えてくるのもその子どもの脳が健康な証拠です。

ここまで説明すると、ある不都合な真実に気がつく方もおられるでしょう。

先生も子どもたちも脳が健康で普通にしているにもかかわらずなんの手だても打たないクラス（組織）は、実は気づかないうちにどんどんマイナスが溜まっ

ていくという事実です。
ここは一つ、脳の自己保存の本能に逆らってでも、
●やる気のある子ども
●穏やかに過ごしている子ども
●姿勢の良い子ども
などに目を向け、プラスの言葉を発していくトレーニングが必要です。

先生方のトレーニング次第で、子どもたちもプラスに目を向けるように導かれ、クラスの雰囲気も良い方向に進むはずです。

パニック指導に陥る要素と危険度

ここまで、パニック指導について考えてきましたが、図⑦に〈パニック指導に陥る要素と危険度〉をまとめてみました。困っている子どもたちは、〝生産的能力〟が低いと話しましたが、その子どもが上手く学級に適応できないと、

先生がパニックになってしまいます。

指導者と指導される側の年齢のギャップが大きいほど、その危険度は高くなります（本来赤ちゃんだけは例外のはずですが、今は赤ちゃんも虐待の問題に脅かされています）。

つまり、保育所や幼稚園ほど、危険度は高まるのです。

もちろん、こうしたパニックは教育の現場だけで起こることではありません。

近年、パワハラとかマタハラという言葉をよく耳にしますが、社会的立場のギャップが大きい場合も、やはりパニックの危険度は高いのです。

また、コミュニケーション力のギャップも大きな問題です。

図⑦

《「パニック指導」に陥る要素と危険度》

高 ⇧ 危険度 ⇩ 低

【年齢のギャップ】
(幼)　(小)　(中)　(高)　(大)
※相手が幼いほど高い

【社会的立場・状況のギャップ】
・立場が高い　　低い
・責任が重い　　軽い
・場面圧が高い　低い
※プレッシャーが高いほど高い

【コミュニケーション力のギャップ】
・情熱（やる気）の差
・空気を読む力の差
・相手の気持を察する力
・メタ認知の力　など
※困っている子どもたちはすべて低い

困っている子どもたちは、相手の気持ちを察したり、状況から空気を読んだりすることが苦手です。

事例のように、運動会や音楽会の練習でパニックに陥った先生方は、残念ながら、こういう困っている子どもたちへの理解が十分でなかったのだろうと推察します。

課題はセルフマネジメント

セルフマネジメントとは、人として（あるいは、先生として）の自分がいかにあるかをマネジメントすることです。

通常、担任の先生は、教室でたった一人の大人です。教室では、その大人のあり方が問われます。すぐに感情的になるようでは大人とは言えません。大人は、冷静で落ち着いているから大人しいのです。

世の中で、相手に機嫌をとらせて喜んでもらえるのは、赤ちゃんだけです（あやしている赤ちゃんがニコッとすると、こちらまで幸せになります）。保育所に出向いてみると、○歳児の部屋ではあやしてもらえても、年長さんの部屋に入ると、あやしてはもらえないのがよくわかります。先生が大人だと、子どもたちはとても楽です。なぜなら、先生の機嫌をとらなくて（あやさなくて）いいからです。一方、気を遣わせる相手は疲れます。気を遣わせている方は、たいてい偉い人なので、それに気づきにくいのです。その関係が続くと、おおむね嫌われるか、もしくは子どもじみた大人、とバカにされることになります。

セルフマネジメントとは、**自分の機嫌を自分でとり続ける**ことです。これができている先生が、子どもから嫌われることは、まずありません。

さて、皆さんは先生として（あるいは課長として、部長として……）どのような、〝ペルソナ（仮面）〟をつけておられるでしょう。怖いお面ですか？　優しいお面ですか？　それとも真面目な？　もしくは愉快なお面でしょうか？

また、クラスや職員室、家庭でのお面はすべて違いますか？　それとも、ほぼ同じですか？

さらに問えば、そのペルソナは子どもたちから見たものと一致しているでしょうか。

私たちは意識的・無意識的に関わらず、ペルソナを自ら作ってきています。

もちろん、子ども理解も大切なのですが、子どもたちから自分がどのように見られているかも、子どもたちとの信頼（ラポール）形成のために同じように大切です。

セルフマネジメントをするためには、なにが必要でしょうか。

私たちはそれぞれに自分らしい思考の傾向を持っていて、それが個性にもなっています。特に真面目な先生方は「～すべき」という、Should 思考の傾向があります。「もう一年生になったのだから」、「もう中学生なんだから」など、Should 思考を強く持っていると、子どもたちができないことに、すぐ腹が立ってきませんか？

そうではなく、「～なったらいいなぁ」というくらいのWill思考を身につけていくことが大切です。「一年生らしくなったらいいなぁ」、「中学生らしくなったらうれしいなぁ」と考えられると、それじゃあこの子どもたちのために何をやればよいのだろうにつながっていきます。

このように、大事なのは自分の思考パターンに気づくことです。

セルフコントロールの力を鍛える

セルフマネジメントのコツをつかんだところで、ここからは自分自身をコントロールするための実践編です。

①言葉（言霊）の力の活用

これまで何度かお伝えしてきましたように、これはいかに〝良い口グセ〟をつくるかということでもあります。

ひと仕事終えて、椅子に座ろうとしたとき、ついつい「やれやれ」とか「あ〜しんど」とかの言葉が出てきてしまうことはありませんか。すると脳は、すぐにしんどい理由を探してくれます。口グセはクセですから、それがほぼ習慣になっていると毎日相当量の「やれやれ」情報を自分に聞かせていることになります。

自分の健康のためにも、「今日も充実してるなぁ」「面白いなぁ」「楽しいなぁ」などを口グセにした方が良いのです。

また、私たちが「何それ！　何だこれ！」と言うのは、いわゆる想定外のときです。想定外のことを否定せずに、「へぇ〜そうなんや！」「そう思っているんだ！」と、さまざまな考え方を否定しないで、ひとまず言葉で受け止めてみてください（これを並列思考と呼びます）。特に、〝大丈夫〟の活用をしましょう。「何それ！　何だこれ！」と言いたくなるような子どもたちの行動は、平常の状態ではありません。子どもたち自身が困っているのかもしれません。だから、優しく「大丈夫？」の言葉かけが必要なんです。

ある小学校の教頭先生から、「ついにわが校にもこの日がやってきました。うれしいご報告です」と、お電話がありました。

ある日の放課後のこと、A先生は階段の踊り場で三年生の女の子が、寝ころんでいる同級生の男の子二人を蹴とばしているところに出くわしました。A先生は、学校一怖いことを自負していた男の先生です。A先生は思わず「何してるんや！」と言いかけたのですが、何とかその言葉を飲み込み、「大丈夫？　どうしたの、何かあった？」と言えたそうです。

叱られるのではなく、先生に心配されていると思った女の子は、素直に男の子たちとのいきさつを説明してくれたそうです。

言葉かけのコツのファーストコンタクトの言葉「大丈夫？」が使えたのです。もちろん、その後の保護者への連絡や対応は、とてもスムーズにいったとのことでした。

初動段階でのボタンの掛け違いがなくなれば、大きなミスが減るのです。

さらに、相手に対してだけでなく、自分への「大丈夫♡」も大事です。

現代社会はテレビでもネットでも、やれどこかで殺人事件が、不祥事が……と、私たちはマイナス情報の海で泳いでいる状態です。考えている以上にストレスが高く、不安が大きいのかもしれません。

しかし、現実の社会はネット上でもテレビの中でもなく、今目の前にいる子どもたちであり職場の同僚なのです。

現実にしっかり目を向けて、ときに「大丈夫♡」と自分自身にも伝えながら、自分が生きているリアリティの部分で安心を創っていきましょう。

②他力思考

簡単に言うと、他の人の頭を借りることです。

「自分の尊敬する○○先生なら、このことに対してどう考え、行動するだろう」とイメージしてみるのです。

私も困ったときは、「尊敬する○○校長なら、どう判断するだろう」としょっちゅうその方々の頭を拝借していました。

その上で、自分ならどうするのかを決めていたのです。

さて、皆さんは、ご自分の実力はどれくらいあるとお考えですか？

私は自分の力に〝他力〟を足したら、結構な実力になるかもしれないと思うのです。

どんな仕事でも、自分一人でやれることは、たかが知れています。何でも自力でやろうとするのは立派ですが、人間にはできないこともありますし、得意・不得意もあります。まずは自力でがんばるけれど、できないことは助けてもらうことが、世の中で生きていくということです。

実力　＝　自力＋他力

助けてもらえる力（他力）は無限大！

③セルフチェックの心がけ

パニック指導にならないためには、メタ認知（第四章『メタ認知』の問題で詳しく説明します）の能力を使って、いつも先生自身が自分の置かれている状況を客観視することが必要です。

特に、学期始めや学期末、あるいは大きな行事があるときなど、自分や周りが追い詰められていないか、気ぜわしくなりすぎていないかなどと冷静に状況を見つめ直すことです。

より良いものを目指してがんばっているときほど、要注意です。

同僚やベテランの先生、管理職がちょっと気をつけて声をかけるだけで、ガス抜きになるかもしれません。ただし、言葉の内容そのものよりも誰がそれを言ったかが重要ですから、平素の人間関係づくりがここでも重要になります。

④ハザードとリスク

「今年は今のところ順調で、特に問題はありません」とおっしゃる校長先生がいます。

本当でしょうか？　脅かすわけではありませんが、問題が〝見えていないだけ〟というケースも多々あります。

問題や課題のない組織はない、と言われます。学級や学校も組織ですから、同様です。どんな組織でも、何かしらの課題や問題があるのに見えていないことが問題であり恐ろしいのです。

そのように、見えない・認知できない問題をハザードといいます。

ハザード状態では、認知できていないためにマネジメントできませんが、認知し、意識に上がってきたリスクはマネジメントできます。

ここで、ご自分の組織（学級や学校）の現在の状況を少し思い浮かべてみてください。

どうでしょう。「そう言えば……」と、これまで見えていなかった、あるいは知らなかったけれど、そこに確実に存在している問題が認知できるようになり、ハザードからリスクに変わった案件はありませんでしたか？

〈3〉仕組みを創る

先に先生方も子どもたちも健康で普通にしていると、気づかないうちに脳の自己保存の仕組みによって、クラス（組織）には、どんどんマイナスが溜まっていくお話をしました。

その対策のため、セルフマネジメントが大切だということもお伝えしてきました。次は、マイナスを溜め込まないように、子どもたちの良いところやがんばっているところなど、プラスの部分を積極的に見ていく仕組みについて考えていきたいと思います。

ここでは、その仕組みのいくつかをご紹介します。

良いことノート

良いことノートは、学級づくりの実践としては比較的歴史があるように思います。

クラスの友達の良いところを見つけたり親切にしてもらったら、教室に置いてあるノートに、その友達の名前や出来事を書いていくという方法です。

このノートは教室のどこかに置いておき、子どもたちはもちろん、先生も気づいたらすぐに書き込む習慣をつけていきます。

大切なことは、友達に親切をした子どもだけではなく、良いところを見つけてくれた子どもにも、同時に「ありがとう」と感謝するところにあります（プラスの視点で友達を見られることが素晴らしいという意味で）。ノートの内容は、終わりの会や朝の会で発表して、クラスみんなで喜び合えるとさらに良いと思います。

今日のMVPやMIP

毎日の終わりの会で、その日がんばっていた人や親切だった人などを子どもたち同士、あるいは先生も入って発表し合います。

その際、発表された内容をメモにとっておくことをお薦めします。発表しただけでは、すぐに忘れてしまいますので、先生の心がけとして書いて残しておきましょう。

逆に、絶対にやってはいけないのは反省タイムと称して、嫌だったことや辛かったことなどを発表し合うことです。

例えば、

司会の日直さん「今日、嫌だったことを言ってください」

クラスのAさん「今日、B君にたたかれましたぁ」

司会の日直さん「B君、立ってください。Aさんに謝ってください」

というやつです。

B君は、ふてくされた顔で「Aさんゴメンナサイ～」と形式的には謝るでしょうが、それは本当の反省ではありません。その件で、既に一度叱られているでしょうから、帰り間際にまた思い出させて不機嫌なまま家に帰ることになります。

B君が帰宅したとき、顔を見たお母さんは何と言うでしょうか。

「どうしたの。何かあったの……」

続きはご想像の通りです。

マイナス情報を自宅まで持って帰らせても、何一つ良いことはありません。反省させたので指導したと考えているのかもしれませんが、本来、反省は心からの納得した結果によるもので、ただ形式的に謝ればすむというものではありません。ただのアリバイづくりでは、指導とは呼べません。

がんばりの樹

教室の後ろの黒板や掲示板に、画用紙などで作った大きな木を貼り出し、クラスで良いこと・うれしいことがあったら葉っぱや花にその出来事を一つずつ書いて、次々に貼っていくものです。これも、ときおり見かける実践です。子どもたちや先生のがんばりが、実りやつながりとして視覚的に見えることが特長です。

その一方で、出来事を貼られている子どもと、そうでない子どもが明確になりますので、きめ細かな配慮が必要です。

やるなら、全員が必ず掲示できるようにするという覚悟と、いつ、どんなときに、誰が書くのかという明確で具体的な取り組みが必要になります。

「付箋」の活用

学校生活のなかで子どもたちの良いところを見つけたら、とにかくすぐに付箋にメモをとりましょう。

これはぜひ習慣づけてください。

メモ用紙でも良いのですが、後の編集のためには付箋がお薦めです。付箋を常にポケットに忍ばせておき、気づいたときに必ずその場でメモをとるようにします。

「先生何してるの？」と子どもたちに尋ねられたら、

「君たちの良いところを書いているので、協力してね」

と言っておくと、うれしそうに友だちのよいところを教えてくれたりもします。

メモなので、〝一事につき一枚〟を原則として、図⑧のようにできるだけ簡略化して書きます。できる限りその日の内に、図⑧の（　）内のようなかたちで、内容を書き足しておかないと何が何だか分からなくなることがあるので注意しましょう。

専用のノートを作って、見開きで子ども一人分とし、その子どもに関する付箋を貼っ

図⑧

《 付箋を活用する方法 》

付箋のメモは、できるだけ簡略化する

ご - ゴミ　5/15

付箋の内容
（後○君が自主的にゴミを拾っていた）

水 = 友、⇒ほ　7/1

付箋の内容
（水○君が友達を保健室に連れて行ってくれた）

※一事につき一枚の付箋に書く！

ていきます。

毎日そのノートを見ていると、自然と付箋の少ない子どもたちに気がつきます。大人しい目立たない子どものことが多いです。

そう思ったら、クラスで付箋の少ない子の良いところを取材したり、今日は「〇〇さんデー」と宣言して、みんなでその子の良いところを見つけ合ったりすることもできます。


付箋の活用例を、もう一つ紹介します。

この方法では、日直当番の良いところを付箋に書きます。先生も書きますが子どもたち同士で書き合うことを中心に行います。

朝の会もしくは、昼食の時間などでクラス全員に付箋を配ります。その日にみんなで日直さんを観察し、良いところをメモして、終わりの会で日直さんに渡したり、発表したりします。

子どもたちが書いた付箋は回収して、一人ずつ別のノートに貼って貯めていきます。

クラスの子どもたち一人ひとり良いところを、具体的に蓄積していくのです。

この方法の優れたところは、子どもたちの間でお互いの良いところを見ていこうという習慣がつきますし、毎日、日直さんのことを書くので抜けがないというところです。

私が校長として勤務していた学校では、学期末に先生同士でお互いの良いところを書き合った付箋を交換し、全員分を一冊の資料としてまとめていました。先生同士の信頼関係の醸成にも、役立ったと考えています。

また一般の企業でも、お互いの良いところをメモなどで交換する〝ほめカード〟という取り組みをしている会社があるようです。人間関係の改善だけでなく、仕事の効率アップにもつながったとメディアで取り上げられていました。

子どもたちの良いところを見ていく仕組みができると、子どもたちの具体的な事実、それもプラス面が集まってきます。

個別懇談会で、我が子の良いところを具体的に説明してもらえたら、保護者はどれほど安心でしょう。あるいは、通知表にその子ならではのエピソードが書かれていたら、どれほどうれしいでしょう。

脳の自己保存の本能と戦うことは容易ではありませんから、こうしたプラス面を見ていく仕組み作りが、学級経営にとっては大きなポイントになると思います。

〈4〉「学級（学校）文化」をつくる

ある日、研究室に某小学校のPTA会長さんから、研修依頼のお電話がありました。普通は、校長先生か教頭先生、もしくは研修担当からの連絡が多いので、不思議だなと思っていました。

打ち合わせに来られたのは、学校に隣接する公民館の館長さんとPTA会長さんのお二人。

何だか気になったので事情を尋ねてみると、

「実は、校長先生が子どもたちをひどく怒鳴るのです。そのせいか、若い男の先生方も子どもたちをよく怒鳴ります。小学校に我が子を三人通わせていますが、そのことが辛くて先生にお願いにあがりました」

それは、私に『火中の栗を拾え』ということかと、あまり気がすすみませんでしたが、若い先生方に「頼まれごとは断るな！」と偉そうなことを言い続けてきた自分を思い出し、誠心誠意やらせていただきました。すると研修終了後、校長先生が次のようなことをおっしゃいました。

「午前中は避難訓練でした。二人ほど不真面目な子どもがいたので、全校生徒の前で怒鳴ってしまいました。反省しています」

なんと、ＰＴＡ会長さんや公民館の館長さんがおられる前で、そんなお話をしてくださったのです。

全校生徒二六〇人ほどの小学校で、たった二人が不真面目だったために、全員の前で怒鳴られたら正直えらい迷惑です。がんばった二五八人がかわいそうです。

しかし、校長先生自身が変われば、学校は変わります。

担任の先生が自身を変えれば、そのクラスは変わります。

学校には、それぞれ固有の空気感があり、各クラスにも固有の空気感があります。それは、意図的につくられるものではなく、先生方と子どもたちの日々の営みの中で、自ずから醸成されていくものなのです。

校長先生や担任がさまざまな手だてに取り組んでいくと、その学級には必ず温かい文化が生まれてきます。

なぜなら、子どもたち一人ひとりの良さに向けてさまざまな手だてや工夫を取り入れようとする担任の先生そのものが温かいからです。

つまり、このような手だてを実践しようとする先生そのものが、ユニバーサルデザイン化されているのです。

学級（学校）は、先生方の思った通りにはなりませんが、先生方の行った通りになります。

子どもたちとの日々の生活を、どうか笑顔で楽しんでください。

完璧主義から〝未熟主義〟へ

これまでみてきたようなさまざまの手立てをとっても、パニック指導にならないという保証はどこにもありません。

残念ながら、教師もまた人間であり、完璧ではないからです。

人は完璧ではなく、死を迎えるまで未熟であり続けるのだろうと思っています。だからこそ、失敗を重ねつつ、少しずつより良く生きる努力を続ける必要があります。

一度も失敗したことがない人は、おそらく一人もいません。

やってしまったことは取り戻せません。やってしまった相手に、許してもらえるかもわかりません。それでも、〝失敗から学ぶことはできる〟はずです。そうでないなら、意に反して傷つけてしまった相手に、ますます申し訳が立ちません。

失敗を学びに変換できるか、が問われているのです。

失敗を、次に出会う子どもたちの指導・支援にいかす。さらに、自分の生き方にいかすしかないと思うのです。

学びの内容はそれぞれ違いますが、失敗をしても前を向いて生きていくしかありません。

教師が完璧主義だと、子どもたちは失敗が許されず、どんどん萎縮していきます。

先生方から「ウチの学校の子どもたちは、言われたことはするのですが、自分からは進んでしません」と伺うことがあります。賢明な子どもたちは、失敗して叱られるくらいなら、言われたことだけやっている方が安全だと思っているのです。

子どもたちの自主性や主体性は、〝面白さ〟や〝楽しさ〟から生まれてくるものであって、厳しいルールや戒律から生まれるものではありません。

皆さんは、〝自分に厳しく、他人に優しく〟という人に会ったことはありますか?

残念ながら私はありません。尊敬する諸先輩方もすべからく、自分に厳しい人は、他者にも厳しい人でした。

理想を求める努力は大切だと思うのですが、他者に厳しいだけでは信頼を失いかねません。

私は、**自分に優しく、人にはもっと優しく**できたらなぁと思っています。

ただそれさえ、相当な難題だと十分に理解しています。

私も反省と改善の連続です。

第三章

笑育による学級経営（マネジメント）

学級経営の好循環

学級経営の好循環はどのようにつくり出せばよいでしょう。

ニコニコと、いつも穏やかに接してくれる先生のことを嫌いになる子どもは、まずいないでしょう。

それによって、いろいろな背景を抱えて登校してくる子どもたちに、〝安心〟を与えることができます。

そしてそれを、日々繰り返すことが、〝信頼〟へとつながっていきます。

反対に困っている子どもたちの不適切な言動に対して、先生が感情的に怒る・叱るという威圧的な対応をすればするほど、先生の権威は落ちていきます。

図⑨

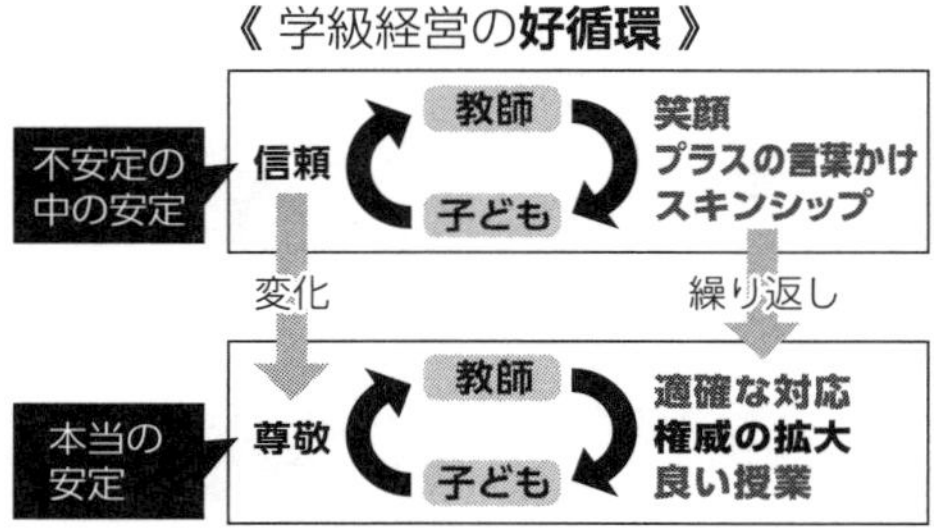

「笑顔・微笑み」「プラスの言葉かけ」「スキンシップ」これは笑育の三つの基本です。この三つの基本を心がけると、心に余裕が生まれ冷静で的確な対応ができるようになります。

さらに、子どもたちの認知面に配慮した、分かりやすい授業ができるようになれば、子どもたちから尊敬されるようにもなるのです。

この好循環をつくりだすのが、先生方の仕事であるということを、覚えておいてください。

どんなクラスを目指すか

「今年こそ、ハチャメチャなクラスにしよう」

「今年は、連休までにクラスは壊れるだろう」

そんなバカな目標や目安を持って、学級経営を進める先生は一人もいません。

どの先生たちも、明るく楽しいクラスにしたいという目標を立てて、四月からの学級づくりをスタートされるわけです。

それでも、残念なことに毎年、機能しなくなるクラスが出てきます。

それはなぜでしょうか。

目標に向かう道すじや、やり方が間違っているのでしょうか。

過去の学級経営で通用したことも、その年の子どもたちと合っていないことがあります。

これは、正しい・正しくないという問題ではないのです。

研修先の小学校で、あるベテランの先生がおっしゃいました。

「私は、一年生を担任するのは八回目ですが、こんなに大変な子どもたちは初めてです」

確かにそうかもしれませんが、同じ子どもたちではないのですから、子どもたちだって一年生は初めてです。

いくら経験豊富な先生でも、これまで通りのやり方ではうまくいかない子どもたちに出会うこともあるのです。

いろいろな背景を抱えながらも、健気に登校してくる子どもたち。なかには、不安定な家庭の状況にある子どももいるかもしれません。

すべての子どもたちに、学級・学校を安心できる安定した居場所にしてあげたいのです。

それは、絵にかいたようなきちんとしたクラスでなくても良いのではないでしょうか。学級経営の目的は、先生の思い通りに動くクラスにすることではないはずです。

個性豊かな子どもたち一人ひとりの成長に寄与できる、温かなクラスをつくることが、本来の目的であるはずなのです。

学校は、子どもたちにとって社会に出る前のトレーニングの場であるとか、社会の模擬的な経験を積む場であるといわれることがあります。

確かにその通りの側面があって、学校（学級）でも生産的能力が必要とされます。

例えば、椅子に座る、時間を守る、学級という集団で行動する……等々のことです。

先　生「じゃぁ。今から算数の勉強を始めます」
子ども「いやや～算数嫌い。勉強したくない～」
先　生「では、今から給食の準備を始めます」
子ども「いやや～給食嫌い。食べたくない～」

などとやっていたら、一つも前に進められません。

通常学級に在席する〝困っている子どもたち〟は、この例のように、生産的能力が低いという特性があります。

椅子に長時間座れなかったり、クラスのみんなと一緒に行動するのが苦手だったりするのです。

そういう子どもがいることは、入学してくる時点でわかっていて、ある程度の困難は予想できます。

予想できるのですから、我々教育の現場にいるものは、あらかじめ手だてを考えて、指導や支援の工夫をしていく必要があります。

子どもの困っているところをみて、きめ細かく合理的な配慮をしなければならない時代がやって来たということをしっかりと認識して、学級づくりを進めていきましょう。

学級担任の仕事

小学校では、新卒の先生も担任として一人前の仕事を求められます。

確かに、学校の先生になったからには、クラスを担任するのは何の不思議もないことです。しかし、その仕事はそう簡単ではないと、皆さん実感していることと思います。

担任になった時点で学級のリーダーとしての責任が生じ、そして、責任者であるということは即ちそこに権限が生じることになります。

これが、一般の会社であればどうでしょう。今年入ってきた新人をいきなり三十人ほどの部下のリーダーにして、その部署を任せますか？

まともな企業ではあり得ない話です。そんなことをしたら、部下は混乱するでしょうし、顧客に対しても大きな迷惑になりかねません。ひいては会社の信用を失うかもしれません。

ちゃんとした会社であれば、入社前から新入社員の研修を何日も実施したり、教育係の先輩などをつけ、ＯＪＴ（職場訓練）というきめ細かい指導を数か月から半年かけて行ったりするようです。そして、どうにか一人前になって現場での戦力として活躍していくようになるのです。さらに、部下を持つようになるまでは、それから数年かかるのではないでしょうか。

一方学校では、まだコミュニケーション力の低い幼い子どもたちが相手です。担任として、上から押さえつけずにうまく統率していくことは、簡単ではないはずです。

権限を持った人間は、すべからく弱い立場にある者に対してそれをどう使うかということを問われます。

世間では、権限や権力があるのに、それを弱者に対して行使しない人のことを、人格者と呼びます。

クラスの生徒に対して権限を持つ担任である限り、新卒の先生も臨時講師も三十年からのベテランも、すべからく人格を問われます。これは世のリーダーの宿命なのです。

担任の仕事は、社会的な弱者である子どもたちを、リーダーとして導いていくことです。

子どもたちのなかには、何度注意しても同じことをする子がいます。いくら叱ってもちっとも言うことを聞かないと、担任であり学級のリーダーである自分の権限が侵害されているのではないか？　とか、バカにされているのではないか？　と不安に思うことがあるかもしれません。

けれどもそれは、本当に先生方に逆らったり、からかったりしているわけではありません。

座っていたいけど何だか動いてしまうし、話を聞いているんだけどちゃんと聞きなさいと叱られるし……つまり、子どもたち自身もそのことで困っているのかもしれないのです。

多動や衝動性や不注意、言動の背景や目的等々、その子どもの困っているところがわかれば、先生は安心できます。

子どもたちは、決して、今の自分の状態を説明してはくれません。ずっとそのように聞こえていたり、見えていたり、行動したりしてきた子どもたちには、自分の困っているところが分かっていないのです。

先生の子ども理解は、一気にすすめることはできません。積極的に学ばなければ入ってこない情報だからこそ、研修したり本を読んだりして、学び続けることが肝要なのです。


ある学生が採用試験の勉強をしているときにこんなことを言いました。

「僕なんか、これまであんまり勉強もしてきていないし、先生になってやっていける力も自信もありません」

「なるほど、そうかもしれないね。けれど、誰も初めから教師としての力量があるはずはなく、逆に自信がある方が怖いよ。もし、本当に力がないと思うのなら、教師になったからこそ勉強をし続ける、学び続けるんだと覚悟を決めたらいい。学び続けるのであれば、必ず成長するからね。採用試験の勉強から逃げる理由を考えずに、最後までがんばれ！」

と私は、結構厳しい返答をしました。

子どもに「勉強しなさい」と言わなければならない仕事である限り、自分が学ぶのをやめたら教師は教壇に立つ資格はないのです。

『メタ認知』の問題

メタ認知という言葉は、特別支援学級の先生方には、なじみが深いかもしれません。自閉タイプの子どもたちは、このメタ認知がとても苦手なので、よく話題にされるからです。

〝メタ〟というのは、〝高次の〟という意味で、和田秀樹さんの『脳科学より心理学（ディスカヴァー携書）』という本によれば、メタ認知とは、自己の認知活動（知覚、情動、記憶、思考など）を客観的に捉え、評価した上で制御すること。

〝認知を認知する〟あるいは〝知っていることを知っている〟ことを意味します。本を読みながら、「お腹減ったなぁ」とか、「この本長いなぁ」とか、内容とは別のことを考えている自分を感じ取り、認知することもメタ認知の一つです。

自分の推論や考えが、歪んだものになっていないかどうかを確かめるためには、このメタ認知の能力がどうしても必要になります。

なぜならば、人間の推論（ヒューリスティックス）は、そのときの気分や条件によって変わるからです（心はコロコロ変わるから〝コロコロ→ココロ〟でしたね）。

かつての同僚に、プロ野球の〇〇球団が大好きで「〇〇が勝ったら宿題なし、負けたら宿題は倍」というルールを決めていた先生がいました。冗談の範囲で済めばよいのですが、どう考えても球団の勝ち負けと宿題の増減はなんら因果関係がありませんよね。

教師だけではなく、集団のリーダー的立場になる人は、ヒューリステックスのブレをコントロールする必要があります。

今ここで、メタ認知の知識を得たとしても、それだけでは不足です。自分の認知状態にまつわる知識を得たら、その知識を元に、自己修正や自己改造をしていくことが必要だからです。つまり、〝知る〟から〝できる〟へのステップです。人間は、AかBかはっきりしない状態だと不安になります。このようなとき、認知的習熟度の低い人ほどその不安は大きくなって、敵・味方や善・悪など、白黒をはっきりさせたがります。

しかし、メタ認知の力を意識して鍛えていくと、認知的習熟度が上がり、曖昧さに耐える能力が上がります。

「この人は九割は信用できるけれど、一割は怪しい」などと、グレーゾーンの程度を見ることとは、本来日本人が美徳としてきたものです。

久しぶりで、名前を思い出せないような方に会ったときも、「どうも、どうも～」と挨拶できます。相手の方も「いやどうも、どうも～」、「それじゃぁ。さようならお元気で」ですませられるのも、この曖昧さに耐える能力のおかげです。

この日本人の〝曖昧さに耐える能力が高い〟という特性が、諸外国の方には説明しがたい〝わび・さび〟の世界を生み出したのだと思います。

年齢と共に知識や経験を豊富に蓄積し、認知的習熟度を高めていくと、高次な判断力を持つ長老などと呼ばれるようになるわけです。

一方、知識や経験の蓄積が、自分の決めつけを強化することにしか働かなかった人は、融通のきかないただの頑固者になってしまいます。

どちらも知識や経験が基になっていますが、それによって思考を柔軟にしていく人と、思考に邪魔される人に分かれていくようです。

認知的成熟度は、高次の判断や創造的な分野の脳である前頭葉機能が使われます。私たちは、多様で変化に富んだ世界に住んでいますから、日々予想のつかない出来事や、新しい知見に出合います。そんなとき、脳の自己保存の仕組みが働くと、「これはややこしい！」「相手が悪い！」などと意味づけをして、思考を停止してしまう可能性があります。

メタ認知の力を使って、さまざまな考え方をいったん否定しないで受け入れる（並列思考する）努力をしないと、新しい知見を学ぶことができなくなります。

困っている子どもたち（大人も）は、生産的能力が低いために、組織に都合の悪い言動をしがちです（授業中立ち歩いたり、ずっとしゃべっているなど）。

それに対して、先生が怒ってばかり、責めてばかりになっていないか？

メタ認知の力で、自分の言動を客観視して気づくことができなければ、自分のアウトプット（表情や言い方など）をコントロールし、改善していくことはできません。

第四章

親切について考える

〝情けは人のためならず〟という諺を、みなさんもご存知だと思います。親切は相手の為にならない、ということだと勘違いされていることも多いようですが、親切は、巡り巡って自分に返ってくるというのが、本来の意味になります。

学級経営や学年経営、学校経営においては、この諺の通りに子どもたちや保護者に、より一層親切にするように取り組みたいものです。

近年ユニバーサルデザイン教育が叫ばれていますが、それは人にどれだけ親切にできるかの問題だと私はシンプルに考えています。困っている子どもたちだけではなくその保護者、そして自分も含めすべての人にどれくらい親切にできるかは、我々の生き方にかかっています。

親切とは生き方そのものである

子どもたちに対する、親や先生の一番の親切とは何でしょうか。

ここでもう一度、笑育の三つの基礎・基本を思い出してください。

●笑顔と微笑みで過ごす
●プラスの言葉をかける
●スキンシップを心がける

これらの根底には、子どもたちに対する愛情が流れています。そしてもう一つは、受け身ではない、能動的な親切心です。子どもたちに親切な教育を目指すことから生まれる実践は、ユニバーサルデザイン教育の実践となるのです。特に、子どもたちが不機嫌な大人に対して気を遣わなくて良いということは、親切の大きな第一歩です。

保護者や先生たち自身が、できる限り明るく元気に過ごすことは、実は最高（最幸）のボランティアです。

親切というのは、概念ではなく実際の行動や言葉であり、生き方そのものなのです。

親切を脳科学から考える

仲の良い夫婦は長生きだと言われています。アメリカの脳科学者、デイビッド・ハミルトンは、著書『親切は驚くほど体にいい！（有田秀穂 監修・訳／飛鳥新社）』の中で、その理由を脳科学から証明しています。

人はふれ合うと、脳から幸せ物質（オキシトシン）が出ます。ふれ合いには、スキンシップや、親切にする（される）ことも含まれています。

オキシトシンは、神経ペプチドの一種です。神経ペプチドは神経伝達物質で、脳から体中の細胞へ、あらゆる情報をせっせと伝達する役割を持っています。神経伝達物質は脳の視床下部でつくられ、感情を抱くと下垂体に流れ込み、そこから血管を通って体内を巡り、各所で細胞の表面の受容体にくっついて指令を伝達します。

この神経伝達物質を、人体という宇宙に飛び出したスペースシャトルと考えてみましょう。宇宙ステーション（細胞）とドッキングするとき、ドッキングボード（受容体）が同じ形でないと働きません。ドッキングが成功すると、細胞のＰＣ（遺伝子）にスイッチが入ります。

このような仕組みで、私たちの思考や感情は、細胞や遺伝子に作用しています。即ち、感情や思考の一つひとつが遺伝子レベルで体に影響を与えているわけです。

オキシトシンは、扁桃体（不安や恐怖を判断する意味づける）や背側線条体（過去の体験に基づいて行動を選ぶ）の働きを抑制します。その結果、くよくよと過去の結果にこだわることが少なくなったり、人を信じやすくなったりします。

オキシトシンの受容体を持つ細胞は、心臓に特に多いことがわかっています。オキシトシン受容体に働いて、ＮＯ（一酸化窒素）を取り込み、血管を拡張させ血流を良くします。血管再生を促進することで血圧の低下にもつながるようです。

このような理由からオキシトシンは酸化ストレスを軽減し、老化の一因を軽減させると言われています。

親切や情け、人間関係の改善は心臓に良く、健康に寄与するだけでなく、アンチエイジングの効果もあるのですね。

欧米では、病気（illness）のｉは孤立（isolation）のｉと呼ばれ、健康（wellness）のｗは、私たち（we）のｗと言われているそうです。

心のこもった行動で、心の臓器に良いホルモンが出る。

心臓がドキドキすることとは、ちゃんとこうして脳内ホルモンが働いているということなのです。小宇宙と言われるだけあって、やっぱり人の体はすごいものです。

脳の可塑性《かそせい》について

ここでは、脳と思考の関連について、話したいと思います。

神経可塑性という言葉をお聞きになったことがあるでしょうか。

〈脳の神経可塑性〉

神経系は外界の刺激などによって常に機能的、構造的な変化を起こしており、この性質を一般に〝可塑性〟と呼んでいる。（『知恵蔵二〇一五（朝日新聞社）』より）

脳はまさに神経の塊であり、何かを考えると脳の中で化学反応が起こり、その思考を煩雑に繰り返すと、構造的な変化が起こると考えられます。

私たちの脳の中で起こるひらめきや意欲、愛情や怖れ等々、すべてが神経細胞の結びつきという形で脳に刻み込まれ、立体的なネットワークに成長します。これが、いわゆる神経回路といわれるものです。

煩雑に同じ思考を繰り返していると、脳は次第に変性していきます。鬱など心の病も、脳の変性が原因の一つといわれています。

人の思考は一日に六万回に及ぶのですから、何万回も不安や心配ばかりしていたら、脳神経のネットワークが形成され、ネガティブな思考がクセになってしまうのもわかるような気がします。

自分の思考にどのようなクセがあるのか、先に述べたメタ認知の力を使って、一度自分自身でチェックしてみるのもよいでしょう。

脳の仕組みから知る、幸せになる二つの方法

脳の仕組みを知ると、幸せになるには大きく二つの方法があることがわかります。

一つは、目標達成や夢の実現によって得られる幸せで、これを**ドーパミン的幸せ**と呼びます。

もう一つは、**オキシトシン的幸せ**で、親切やふれ合いによって得られる幸せです。

ドーパミン的幸せには、得られたときの喜びや快感が大きいという特性があります。

大好きな野球チームがサヨナラ逆転満塁ホームランで勝ったりしたら、それこそ大喜びでしょう。また、一生懸命に勉強してきて、第一志望の大学に合格したときなどの喜びもこれに当たります。

しかし、このドーパミン的幸せは長続きしません。そのうえ要望がエスカレートして、今日も勝ったのだから、明日は連勝だ、と他者との競争のためにストレスにさらされるなど、マイナス面もあります。

一方、オキシトシン的幸せの方は、他者とのふれ合いや思いやりから生まれます。

電車でお年寄りに席を譲ると、譲った方にも譲られた方にもオキシトシンが分泌されます。親切にされた方ばかりでなく、親切にした側にもオキシトシンが出るのです。そして、こちらは、ほんのりと長続きする喜びです。

だから、誰かに親切にしてもらったら、素直に「ありがとう」と言えることは、どちらにとっても良いことなのです。

「オレを年寄り扱いするんじゃない！」なんて突っ張ってないで、有難く席を譲っていただいた方が良いということですね。

二〇一五年、ラグビーのワールドカップで日本代表が南アフリカに勝ったその晩、ドーパミンで興奮した私は一睡もできませんでした。

二〇一四年のサッカーワールドカップブラジル大会では、日本代表の成績がいまひとつでしたから、日本国民のドーパミンはほとんど出なかったでしょう。ところが、あの大会では、日本代表のサポーターが試合終了後に会場のゴミをみんなで拾い、スタジアムをきれいにしたというニュースが全世界に流れました。こうして書いていても、未だに気持ちがほのぼのとしてきます。これがオキシトシン的幸せなのは言うまでもありません。

オキシトシン的幸せには、競争がありません。どっちがゴミをたくさん拾うか、などとやりだしたら、もうその時点でドーパミンの世界になってしまいます。

オキシトシン的幸せは、見返りを求めず、感謝を期待しないことが一番のコツであり、無理なく確実に幸せになることができます。そして、じわじわと伝染し、ストレスが消えて健康になれるのです。

細胞分裂の際に、染色体が千切れていくのを防いでいるテロメアというDN

Aの末端部分があるのですが、オキシトシンは、このテロメアの短縮を緩やかにする働きを持っていることがわかっています。

精神的ストレスなどで、テロメアの短縮が早まるといわれていますが、まさにオキシトシンはアンチエイジングを遺伝子レベルでおこなっていることになります。

オキシトシン万歳！　です。


これが、脳の仕組みであり、脳の自己防衛機能（脳はシンプルに言えば、人が生き抜くために機能しています）であるとすれば、「人間は本来このように他者を思いやり、情けをかけ、親切に生きよ！」という神様からのメッセージかもしれません。

言うは易し行うは難しの感がある「親切」ですが、実行するときのカギは、やはりメタ認知の力です。

怒ってばかりいないか、他者を責めてばかりいないか、さらには自分を責めてばかりいないか……など、自分の言動を客観視できないと、アウトプットをコントロールできません。

ドーパミンとオキシトシンは、どちらも人間にとっては欠かせないものです。

両方の特長を知り、上手に取り入れていきたいものです。

私は、人は自分のなかにあるものが外に出てくると考えています。

もし、皆さんが自分のことを幸せだと感じているなら、その人からは〝豊かさ〟や〝やさしさ〟や〝思いやり〟が出てくるはずです。

その幸せのアウトプットを子どもたちに分けることができたら、子どもたちもきっと幸せを感じてくれることでしょう。

第五章

本当の自分を取り戻すために

微差が大差

笑顔で過ごし、プラスの言葉を心がけ、相手に応じて適切なスキンシップをとっていくという笑育の三つの基本は、何も特殊なことではありません。

誰でもできますし、予算もいりません。

「塵も積もれば山となる」や「積小為大」という言葉同様、微差が大差を生みます。

つまり、子どもと接している先生方のニュートラルな状態が重要なのです。

楽しいから笑うのではありません。

楽しくなくても笑うのです。

〝顔で笑って心で泣いて〟なのです。

相手のことは関係なく、自分で自分の機嫌をとり続けましょう。

笑顔と微笑みを習慣化し、それをクセにしてしまうのです。

ある先生からこんな相談を受けました。

先生「私、がんばってニコニコしていたんです。そしたら、あの子たちから、『何か良いことあったんか？　クソババァ』って言われたんです。どう思います」

私「それで、先生はどうされたんですか？」

先生「ついまた……怒ってしまいました」

私「惜しいなぁ……（苦笑）」

この先生は、とっても良い先生ですよね。素晴らしいと思います。

私の話を聞いてチャレンジし、子どもたちの前で顔晴ってみたのです。

それが伝わったから、子どもたちが「何か良いことあったのか？」って言ってきたのです。

愛着不足でかまって欲しい子どもたちは、経験的に相手の一番嫌な言葉を投げつけ、怒らせるという形でマインドコントロールしようとします。

そういう子どもたちは、マイナスのストロークを投げてくるのが習慣化してしまっていますから、こちらが笑顔になっても、すぐに笑顔でかえしてくるなんて甘いことはありません。ここが試練ですよね。やり始めてしばらくすると、面白いもので必ず〝お試し〟が来ます。

この出来事は、先生が顔晴ったからこそ訪れた〝お試し〟なんだと、私は思います。

良いこと（善）には手間と暇、手数と時間がかかるものなのです。その逆に悪いこと(悪)は、一匙の毒薬が多くの命を奪うほど強いものです。大切なのは、何度やられても、またやる。何度失敗しても、また笑顔に戻るということです。

先ほど事例にあげた先生が、「明日の朝の登校指導で、また彼らに会います。また言われたらどうしましょう!?」とおっしゃるので、このようにアドバイスしました。

朝見かけた瞬間、今日よりもっと笑顔で、

「あなたの顔みたら、なぜか笑顔になってしまうのよ～」

と言いながら、笑顔でさらに近づいていく。このぐらいのことは、投げ返してみましょうよと。

ディスカウントしてくる子どもたちは、ほめられることに慣れてないので、居心地が悪そうにしてどこかに行ってしまうでしょう。

このような子どもたちとの小さなやり取りを、何度も何度も繰り返していくことを大切にしてください。

そして、マイナスのストロークを投げなくても、先生はちゃんと相手をしてくれるということを、子どもたちに体感させてほしいのです。

子どもたちの〝自己有用感〟を高めるために

生きていくためには、「自分も生きる価値がある存在だ」とか「自分だってまんざらじゃない」という自己有用感や自己肯定感が必要です。

「私は君たちのことを大切にしているよ」「お前はたいしたもんだ」と言葉にするだけではなく、どんな些細なことでも構わないので、子どもたちができないことができるようになるという経験を、たくさん積むようにしてほしいのです。

宇宙ロケットの開発に挑戦しておられる植松努さん（北海道赤平市、植松電気代表取締役。子どもたちに夢をあきらめない大切さを伝えるため、自らもロケット開発に挑む）は、この「自分でできた」という実感を、〝CANの力〟と呼んでいます。

本来、学校は子どもたちが自信をつけるためにある場です。「僕も、私もまんざらじゃない。生きる価値のある人間なんだ」という〝CANの力〟を子どもたちに味わわせるために、存在しているのだと思うのです。

しかし、昨今のいじめや体罰の問題などを考えると、現実には学校で、子どもたちの自己有用感や自己肯定感が奪われているように思えてなりません。

我々教師の教育スキルやコミュニケーションスキルをあげていくことは、自分たちのためだけではなく、子どもたちのためにも必要不可欠です。

子どもたちから大好きと言われる先生に

人が、良い習慣を身につけるのはどんなときでしょうか。

叱られたときでしょうか、それともほめられたときでしょうか。

大きな失敗をして叱られ「二度とこのようなことはするまい」という学びがあり、また、いっぱいほめられたことで、良い習慣を身につけることもたくさんあろうかと思います。

しかし、本当に良い習慣を身につけるときというのは、そのことを心から誰かに喜んでもらえたときではないでしょうか。

読書普及協会顧問の清水克衛《かつよし》さんは、「まず、人を喜ばせてみよう」と常々発信されています。

自分には人を喜ばせる力があるという気持ちや、人を喜ばせたいと思う心は、誰かに喜んでもらえた経験から育つものです。

皆さんは、物心つく前に、お父さんやお母さん、おじいちゃんおばあちゃんなどから、産まれたことを喜んでもらい、笑ったといって喜んでもらい、寝返りを打った、ハイハイをしたと喜んでもらい、立ったといって喜んでもらったからこそ、今こうしてここにおられます。

何もわからないうちから、

「自分はこの世に生まれてきた価値のある人間なんだ」

ということを体感してきたはずです。

長時間、黙って座って講義を聞いたり、集中して本を読んだりできるのも、そのおかげです。

お母さんからたっぷりと愛情をもらったおかげで、不安になっても自分をコントロールする術を身につけているのです。有難いことです。

自己抑制がきくということはこういうことで、これこそが本物の躾だと思うのです。

現代の大きな社会問題の一つに、虐待があります。

親から暴力を受けたり、ネグレクト（育児放棄）された子どもたちは、無条件に喜んでもらえた経験が極めて乏しい結果、いろいろな面で不安定になってしまいます。

私たちの仕事は、こういう子どもたちを受け止め、共感し、共に成長を喜ぶことでもあります。

そして、こういう子どもたちにとってこそ〝大好きな先生〟であらねばなりません。

大好きな先生に「がんばってよく学校に来たね」「こんなに成長したね」と、心から喜んでもらうことで、自己有用感や自尊心が育っていきます。

その結果、子どもたちは初めて、自立の道へ一歩踏み出すことができるのです。

笑育の実践過程では、先ほどの先生のように〝お試し〟が来て、何度も失敗すると思います。

過日、小学校の校長をしている友人から電話がありました。

この学校は当時、とても荒れていました。

六年生の態度があまりに悪いので、たまりかねて一人の男の子を教室の外へ出したら、後ろから「ジジィ死ね～」と別の男の子が追いかけてきたそうです。

「怒ったらアカンと思ってたんやけど……」

と、落ち込んでいる様子でした。

その後、二人の子どもたちとは校長室で落ち着いて話ができたそうです。

この校長先生は、日頃から子どもたちにも先生方にも、ずっと笑顔で過ごされていることを、私は知っています。

その校長先生がたまりかねてその行動に出たのですから、それで良いのです。

そして、やっぱり笑顔に戻ろうと思って、わざわざ私に電話をくれたのです。

電話の最後に、

「月曜日、朝礼で先生達に、『やってしまいました。ごめんなさい』と謝ってから、また顔晴るわ」

とおっしゃいました。

この校長先生は本当に素敵です。自分が戻る場所を、きちんと創っておられるのです。

いくら失敗しようと、また何度でも、笑顔や微笑みに戻れば良いのです。

さて、この本を読んだ後で、絶対にしてはいけないことがあります。

それは、「私のお話ししたことを、百パーセント信じること」です。

そして、「私のお話ししたことを、百パーセント信じないこと」です。

自分には何が使えなくて、何が使えるのかを、皆さん一人ひとりが自己責任で考え、自己責任でやってみること。そして、その結果を自分で次にいかすことです。

人に人は変えられませんが、**自分で自分を変えることはできます**。

周囲からは、「ちょっと変な先生だな」と言われるかもしれませんが、本来の自分の笑顔を取り戻し、大切にしてください。

謙虚に学ぶことは、教師としての子どもたちへの愛そのものなのです。そしてそれが、子どもたちの未来、日本という国の未来を創ることにもなるのです。

どうか、これまで以上に、子どもたちから「大好き」と言われる先生になって、出会った縁ある子どもたちを力強く導いていってください。

第六章

『事例』を通して考える

研修とあわせて、私はたびたび教室訪問もさせていただいています。

そのときは、後ろの扉から教室にお邪魔します。

最初に､子どもたちだけを視野に入れクラス全体をざっと見ます。このとき、担任（授業者）の先生をできるだけ見ないようにします。次に、後ろの掲示物のチェックに入ります。

そのとき、何人が見たことのないおじさんに反応してくれるのか、あるいはまったく無関心なのか、子どもたちの表情はどんなか……などの情報を入れます。

授業をする先生を見るのは最後です。なぜなら、最初の視覚情報によって第一印象が決まり、全体の判断が左右されがちだからです。

もし、可愛らしくて愛嬌のある先生が授業をしていたら、それだけで「良いクラスだ！」と思うかもしれません（笑）。反対に、私のような男の先生が、怖い形相で子どもたちにお説教している場面にたまたま出くわしたら……それだけで、何か悪いクラスという印象を持つかもしれません。

視覚情報から来る第一印象は、ある意味とても怖いものです。

子どもたちの掲示物をチェックしながら先生の声だけを聴いていると、その質やしゃべり方から、先生の気持ちの在りどころが理解できたりもするものです。

たとえ後ろを向いていても、子どもたちにしっかり語りかけている先生の声は、やはりちゃんと伝わってきます。

この章では、私が教室訪問をしたときの具体的な事例をあげながら、一緒に問題を考えてみたいと思います。

事例① だらしない（？） Mちゃん

研修のため教室訪問した小学一年生の教室での出来事です。

後ろの戸口から入ってすぐ、一番廊下側の列、前から三番目にいる女の子が目に入りました。

机の上に両手を出して、突っ伏した状態で寝ているように見えます。

しばらくして担任の先生から、

「Mちゃん、ちゃんとしようね。起きようね」

と優しく声がかかりました（このとき、私はまだ後ろ向きです）。

その後、周りの子どもたちから

「Mちゃんいっつもこうなんだから」

と声が上がりました。

振り返って教室全体を見ると、Mちゃんの前の席に座っている女の子が、自分の国語の教科書を両手で持って体を反り返らせ、うつ伏せになっているMちゃんの上にわざと落とそうとしていました。

幸いなことに、Mちゃんの上に教科書は落ちずに、バタンと床に落ちました。先生は板書をしておられたので、その様子には気づいていないようでした。

Mちゃんが気になった私は、運動場側からMちゃんを見て驚きました。なんと、うつ伏せたままの姿勢で、視線はずっと先生を追いかけていたのです。

無意識の感覚についての理解を

この後、訪問したクラスの担任の先生とお話をしました。

「先生、Mちゃんは、いろいろ大変かもしれませんが、あの子あの姿勢でずっと先生の方を見ていますよね」

と言いかけたら、

「そうなんです。ずっとあの姿勢で見ているんです」

「いやいや先生、Mちゃんすごいと思いませんか。だってあの姿勢でも、先生から目を離さないじゃないですか」

「でもね。ずっとあんな姿勢なんです……」

どうにも何だかかみ合わない（笑）。

この先生は、とても熱心でがんばっておられるのですが、姿勢が悪いことだけが気になって仕方がなかったようです。

いくら注意しても、いくら声をかけても、姿勢が直らないMちゃん。

Mちゃんにそんな気持ちは欠片もなくても、担任の先生にとっては、自分の指示や指導に素直に従わないことで、担任としての自分を否定されたという印象になっているのではないかと思います。

このような心境、心情になるのは理解できます。でも、避けたい。

Mちゃんに対する他の子どもたちの声のかけ方を見ていると、いじめを生みつつある可能性もあります。

それを防ぐためにも、特別支援教育の知見を学ぶことが必要なのです。

五感（視覚・聴覚・味覚・嗅覚・触覚）については、皆さん理解があると思います。

五感以外にも〝固有受容覚〟や〝前庭覚〟などのいわゆる**無意識の感覚**が、人間にはあります。

皆さんは、今本を読みながら、ずっと自分の姿勢を意識されていますか？

そうだとしたら、長時間、集中して本を読み続けることはできないと思います。

上着のボタンを留めたり、靴の紐を結ぶのは見なくてもできます。

前から人が歩いて来たら、ちゃんと避けられるはずです。

さらに、おしりや背中、足の先など、見えないけれどちゃんと意識できているのではないでしょうか。

これらは、無意識の感覚の働きによるものです。

〝固有受容覚〟は、関節の曲げ伸ばしや筋肉の動きを脳に伝える感覚のことを言います。力の入れ具合を加減したり、人や物との距離感を調整する大切な役割を果たしています。

前庭覚は、体を真っ直ぐに保ってくれる感覚です。

無意識の感覚が弱いと姿勢を保つことができず、低緊張のためにだらりと脱力した状態になったり、逆に姿勢を保つことに意識が集中してしまって、まったく話を聞けなかったりします。

無意識の感覚に対する理解がないと、Mちゃんのことも、ただ「だらしがない」、「躾ができていない」という道徳的な見方しかできなくなります。

本当は、Mちゃんに認知や体、脳の問題があるかもしれないのに、心や躾の問題にすり替わってしまう怖さがあります。

そうすると、周りの子どもたちが厳しい言い方でMちゃんを責めても、担任としてそれを諌めることができません。

また、たまたま先生が気づかなかったために、スルーされてしまいましたが、Mちゃんに教科書を落とそうとした女の子がいたことからも、あきらかに周りの子どもたちの中には、Mちゃんに対する厳しい目が生まれていると思われます。

でも、本当に困っているはずのMちゃんは、

「先生、私は固有受容覚と前庭覚が弱いの……」

とは決して言ってくれません。

ひょっとすると、Mちゃんが困っていることを保護者も気づいていないかもしれません。

情報交換のためにできるだけ早く保護者と面談をして、適切な医療機関などと相談していただくよう、学校からアドバイスをするようお願いしました。

熱心な良い先生であっても、無知からいじめの芽を生んでしまうのは残念でなりません。

次の年、同じ学校に伺ってびっくりしました。

二年生になったMちゃんは、ちゃんと座って授業を受けていたのです。

「立派に成長したなぁ」と、うれしくなりました。

ところが、今度は先生の発言に何やら反応して、ずっとしゃべり続けています。授業を進めるという点では、こっちの方が手ごわいかもしれません。

こうして、時間とともに子どもたちが困っているところを表出する仕方も変化します。

当然、我々教師も上手く関わらなければなりません。

基本は、子どもたちの方が困っているのですから、子どもの自己肯定感や、自己有用感を失わないように指導・支援していくことです。

事例② Aさん空気読めよ～

研修のため教室訪問した、小学三年生のクラスでのことです。

校長先生に案内され、教室へ。例によって私は、先生を視野に入れず子どもたちだけ全体にざっと見てから、すぐに後ろに貼ってある掲示物のチェックを開始しました。

ベテランの男の先生が算数の文章問題を出していました。最初に先生は、

「全員立って問題を読みなさい。読めた人から座りなさい」

と指示をされました。私は声だけ聞いています。

子どもたちはこの指示に慣れているようで、みんなが立って問題を読み、座ったようです。気配でわかります。

次に、もう一度全員を立たせて、

「この問題は、どうたずねているか分かった人から座りなさい」

と発問・指示が出されました。

私は、「へぇ～この指示でも子どもたちはできるんだ」と、感心していました。

次々と座っていく子どもたち。……ところが、掲示物のチェックを終えて振り返ると、ただ一人座ろうとしないAさん（男の子）の姿があります。

「何や、分からんのか?」

先生が説明しても、Aさんはなかなか座らない。何度も丁寧に説明するのですが、Aさんは座りません。

だんだんイライラしてきている先生……。

でも、分からなかったら座らないように指示をしたのは先生です。

教室の雰囲気は、どんどん悪くなっていきました。

ハラハラしてくる私と校長先生……。

言葉の裏を読むことはかなり高度

この場面でAさんは、最も正直に先生に言われた通りにしていました。

でも、先生はAさんが指示を守っているというよりは、自分に逆らっているように感じて、イライラしていました。

教室の掲示物をチェックしていて「学習面では、きっとAさんよりも苦労しているだろうなぁ」と思われる子どもが、他に三人はいました。

「Aちゃん答えがわかってなくていいから早く座れよ～。先生が、だんだんイライラしてきているだろ～」

ひょっとしたら座っている子どものなかには、そう思っている子がいたかもしれません。

こういう出来事の積み重ねは、「Aさんは変なヤツ」というレッテルを貼ってしまうことにつながるのではないでしょうか。

コミュニケーション能力のなかでも、言葉の裏を読むのは、かなり高度です。特に、〝自閉症スペクトラム〟の子どもたちは、人の気持ちを読むのが苦手です。

Aさんの特性を知っていれば、このような場面でもイライラすることなく、「正直だなぁ」と微笑ましく思えるかもしれません。

この場合、まず先生は、「問題文を読めた人から座りなさい」という、誰でもできる指示を出しました。

立ったり座ったりできるので、多動の子どもたちはとても助かったと思いますし、先生も子どもたちの動きで学習の進捗状況が把握できる良さもあったと思います。しかし、続いて出した「この問題は、どうたずねていますか」という発問には、問題があったと思います。ここでもAさんの特性を知っていれば、自分の指示内容のどこに問題があったのかが分かるようになるはずです。

特別支援の知見をいかした子ども理解が進めば、事例のように、妙に緊張した場面をつくり出すこともありませんし、自分の指導力を改善して、子どもたちにより分かり易く伝えられるようになります。

事例③「わざとやっていると思うんです」

小学四年生を担任する中堅の女性の先生です。

「クラスのBさん（男の子）は全然授業の準備をしません。机の上に教科書も出さないし、いつもグタッとしているんです。それで、『教科書を出しなさい』と言ったら出すんです。でも、

『ハイハイ！　分かりましたよっ』

と邪魔くさそうに言いながら出します。

それを、Ｂさんはわざとやってると思うんです。

一日に何度も、『死ね！』と周りの友達に暴言を吐いているし、この先どうなるかと思うと……」

二次障がいについての理解を

大変な状況ですが、皆さんなら、この担任の先生にどのようなアドバイスをされますか。

子どもも思いの熱心な先生で、Ｂさんの暴言や自暴自棄な態度に毎日傷つきながらも、何とかがんばっていることは間違いありません。

「わざとであればダメですか？」

と私は尋ねました。

まず、わざとやっている状況を受け入れるところから始めてみるのです。

また、Bさんの発している言動は、二次障がいと考えて良いと思います。「死ね！」という子は、どこかで必ず誰かから同じ言葉を浴びています。

先生に、もう一つ私がお伝えしたのは、

「将来の心配はしても良いけど、それを周りにアウトプットするのはできるだけ控えませんか」

ということでした。

「高学年になったら……。中学生になったら……」。不安な未来の心配は、この段階では無用です。それは、先生の不安であって、現実ではありません。

かなり難しいかもしれませんが、Bさんをどうにかしようとか、変えようと思わないことです。

先生は、担任として一生懸命に保護者とも連絡を密に取り合いながら試行錯誤している、それをまず信じませんか。そして、その結果とも言えるBさんの未来を信じて、これからも〝顔晴り〟ませんか。そういった状況でも学校に来てくれている、それだけで有難いと思うようにしませんか。なかには、先生の力だけでは、どうにもならない家庭状況の子どもも多くいるのです。

子ども理解は、生活面・学習面・家庭面などの理解に加えて、発達の理解（障がいということだけではなく、不器用さなども含めて）を視点に入れていく必要があります。気持ちや熱心さだけで太刀打ちしようとしても、こちらが傷ついて先に倒れてしまいます。

事例④　恐れ入りました！

小学一年生の担任をするベテランの女性教師です。教室訪問のときは、国語の授業をしていました。

私と校長先生が、後ろの扉から教室に入りました。

例によって、私は子どもたちだけをざっくりと見て、後ろの掲示物をチェックし始めました。

「さぁ、それじゃぁ、みんなでね。読んでみましょう。さん、はい」

と、先生が号令をかけます。

ところが、子どもたちは蚊の鳴くような小さな声しか出ていません。

校長先生と私がいるし、この先生はどうするんだろう……。

体育会系の私みたいな先生なら、子どもたちの声が小さいと、「声が小さいもう一度！」って言ったりするのかなぁ……と、背中越しにちょっとドキドキしていました。

この先生は、この後どう言ったと思いますか？

「**まぁ、なんてすてきな声。もう一度聞きたいわぁ。はい、どうぞ！**」

言うまでもなく、子どもたちは見違えるようにしっかりした大きな声で、本読みをしました。

もちろん、子どもたちが読み終えたらすかさず、

「やっぱり、すてきな声やねぇ」

とほめ言葉をかけておられました。

脳のしくみに逆らえるスキル〈愛〉

この場面に立ち会って、私は鳥肌が立ちました。

先生は、一言も叱ることもなく、子どもたちの力を引き出したのです。例によって私は、後ろの掲示板に貼ってある子どもたちの作品をチェックしていましたが、「早く振り返ってこの先生の顔を見たい～」と思いました。チェックし終わって振り返ったら、思った通り満面の笑みで子どもたちの前に立っておられました。もちろん、子どもたちの表情も、ずっとニコニコです。教室に入ってきた校長先生も、ゲストの私もまったく気にせず、授業をしていました。

一斉に音読させた子どもたちの声が小さいことなんて、恥ずかしいとも、プレッシャーとも感じていない様子でした。この先生は普通じゃないちょっと変な先生です。**脳の仕組みに逆らえる高いスキル（愛）**を持っておられるのだろうと思うのです。

では、この先生は新卒の頃からこうだったのでしょうか。違うと思います。いろいろな失敗をしながら、鍛え上げてきた結果です。ベテランの素晴らしい力量を見せていただきました。

事例⑤　複雑な家庭事情の子どもたちを指導する

研修の依頼があって、C中学校を訪問したときのことです。

校長先生と廊下を歩いていると、廊下に男子生徒が一人うずくまっており、その隣に厳しい表情の先生がしゃがんで付き添っています。階段を上がっていくと、また別の場所に一人がごろり、その横にやはりまた先生が……そしてまた一人……。

教室に入ると、授業をしている先生は、ちょっと遅れてきた生徒に厳しい言葉をかけており、緊張した空気が伝わってきます。

生徒に関わっている先生も、教室で授業している先生も、その表情や言葉の使い方から、ピリピリしていることがひしひしと伝わってきました。

校長先生に伺うと、困った行動をしている生徒はみな、複雑な家庭事情を抱えており、保護者の対応にも苦慮しているとのことでした。

「恥ずかしながらこの通り、あの子らに困ってるんです」と校長先生。

無敵の生徒指導・支援

状況を見ると、生徒の問題行動に対して先生が困惑し、悪循環に陥っていることが明らかでした。そこで、学校全体での研修を行い、生徒の問題行動のとらえ方や、〝困らな感〟などについて講義をさせていただきました。

ポイントとしては、

●自己理解
⇓先生方の扁桃体は、あの生徒たちが〝敵〟になってしまっていること

●生徒理解

⇓彼らは敵ではなく、〝困っている〟だけであること

●自己コントロール

⇓周りの生徒が、いつかあの生徒らに巻き込まれるのではないかと戦々恐々としてしている上、先生方自身もピリピリし自己コントロールができなくなっている

困った行動をする彼らも周りの生徒も、先生方の敵ではありません。多くの生徒が健気にきちんと座ってがんばってくれていることは、ありがたいではありませんか……。

その後、C中学校では生徒への関わり方の方針を決め、努力目標を掲げて自分たちの指導・支援の改善を試みました。

思春期で対応の難しい中学生ですが、先生自らが問題行動を起こす生徒の理解に努め、その上で対応を変えようとした姿に、心より敬意を表したいと思います。本当に難しかったと思うのです。

特に、共通努力目標として〝「先生変！」と言われるくらい笑顔で対応する〟と、具体的な行動目標を設定されたことには驚きました。

数か月後、Ｃ中学校では、地域の小学校も参加して授業公開を実施しました。そのときの校長先生のお話しです。

「三学期になって、教室に全員がそろう時間ができるようになりました。彼らは、夕方部活が終わった頃、また学校へ遊びに来るんです。担任やいろいろな先生がひとしきり相手をしたら、また帰って行きます。戻るとき、危ない自転車の乗り方（四人乗り）をするので、近所の手前もあって『コラー！　危ないやろ～』と大声を出しますが（笑）……今でも、『これで良いんかな』と思うことがよくあります」

何と誠実で、正直な校長先生なのでしょう。

この報告は、Ｃ中学校が困っている生徒たちの〝居場所〟になったことを示しています。

自分たちの相手をしてくれる、愛のある先生がそこにいるから、部活が終わった夕方にやって来るようになったのです。先生方は本当に粘り強く、生徒たちの話を聞いておられました。

これ程がんばって学校組織を支えている管理職の校長先生でさえ、「今でも、これで良いんかなと思う」ところに、この指導・支援の方法の難しさが表われてます。

問題行動を見た途端すぐに怒りが湧き上がってくるのは、人間として自然で素直な反応です。そのような感情脳に逆らって、敢えて笑顔で指導したり、ときには感情を表に出さず無関心を装ったり、冷静に指導・支援することは決して容易ではありません。

それでも、チャレンジしているC中学校の職員集団は素晴らしい。

また、C中学校の特別支援コーディネーターの先生も、「はっきりとは言えないんですが、何だかラクになってきました」とおっしゃいました。「何となく感じる」というのは大切な実感であり、脳科学者の茂木健一郎氏が言う〝クオリア〟（感覚的・主観的な経験にもとづく独自の質感）のようなものなのかもしれません。

授業公開の日、問題行動を起こす生徒たちも教室に入っていましたし、若手の先生方は彼らに笑顔で接し、穏やかに落ち着いて授業が進められていきました。

なかでも一人の生徒は、教室で授業を受けるため、自主的に金髪を昼休みに黒く染め直していたらしいです。後で事情を聞くまで、その子が問題行動を起こしていた生徒だとは、私も含め誰も気づきませんでした。

この事例から、子どもたちを敵と捉え、威圧や強制で相手（子どもや生徒）を変えようとするのではなく、困らな感などの子ども理解をベースにして、教師自身が自分たちの指導・支援を変えようとすると、結果として徐々に子どもたちの方が改善されていくということがわかります。

私は、子どもたちも保護者も同僚も、みんなを敵としない指導・支援の仕方を、**無敵の生徒指導・支援**と呼んでいます。

事例⑥　マイナス言葉の合いの手

小学四年生の教室訪問でした。担任は、まだ三十代前半くらいの男性の先生で社会科の授業をしていました。

先生が資料の範読をし始めると、一番前の席に座っている一人の男の子が、一文読むたびに、「いらん」「おもんない」「かえる〜」「うん○〜」「おしっ○〜」（なぜだかこういう子どもたちは下ネタが好きです）とマイナス言葉の合いの手を入れ続けるのです。

〝愛のムチ〟ではなく〝愛のムシ〟で乗り切る

皆さんなら、この男の子をどのように指導・支援しますか？　一度頭の中でイメージしてみてください。

資料を範読し終わった後、先生が資料の内容について発問したところ、十人以上の子どもがすっと手をあげたのです。

クラスの子どもたちは、この子のマイナス発言に慣れていて、ちゃんと学習が成立していたのです。

確かに男の子のマイナス発言は先生の範読を聞きにくくしていました。でも、もし先生が「うるさい」、「黙りなさい！」などと、いちいち反応していたら、イライラした先生の声は子どもたちにとって、もっと聞きづらいはずです。何とかがんばって勉強しようとしている健気な子どもたちにとって、二重苦になってしまいます。

さらに驚いたのは、先生が次の発問をしたときです。何と！　マイナス発言をしていた男の子が手をあげているのです。確かに合いの手をあれだけタイミングよく入れるのですから、先生の言う事をよく聞いていたのは間違いありません。

担任の先生の指導で、最も立派だったのは、マイナス言葉の合いの手を、すべて無視して淡々と最後まで資料を読み続けたことです。

これを、愛のムチではなく、**愛のムシ**（愛を持ってスルーすること）と呼んでいます。

教室訪問の後で、先生に「どうやって、今日みたいにできるようになったのですか？」と尋ねました。

すると、

「最初は闘っていたのですが、あきらめました」

とおっしゃいました。

「すごいなぁ。よくあきらめられたねぇ」

と私は驚きました。

「あきらめました」とは、この子のことをどうでもいいと居直ったのではありません。子どもの困っている状態をあきらかに見たということです。力づくで子どもを変えようとする（従わせる）のをやめることと、その子を見放すことはまったく違います。あきらめることで、かえって余計な力みがとれて、この先生らしい本来の指導・支援ができるようになったのです。

禅の言葉で、こういう状態を「放てば満てり！」とでも言うのでしょうか。なかなかできることではありませんが、こうした態度をとることで、見事に授業が成立していました。

「あきらめる」とは、受け入れることでもあります。

ぜひ参考にしてください。

特別支援の必要な子どもの指導・支援の基本姿勢

教師や学級集団にとって一番やっかいに感じてしまうのは、〝都合の悪い行動や言動〟です。これを叱ったり、怒ったりだけでは、かまわれることを目的とする子どもたちの思う壺です。

ここは、「愛の力で無視する（スルーする）」ことが必要です。

脳の扁桃体が健康であれば、マイナスの言動がすぐに目についてしまいますが、そこを敢えて無視するのです。

一方、〝当たり前のようで実はとても大切なこと〟を先生方はスルーしがちです。

図⑩

《特別支援の必要な子どもの **指導・支援の基本姿勢**》

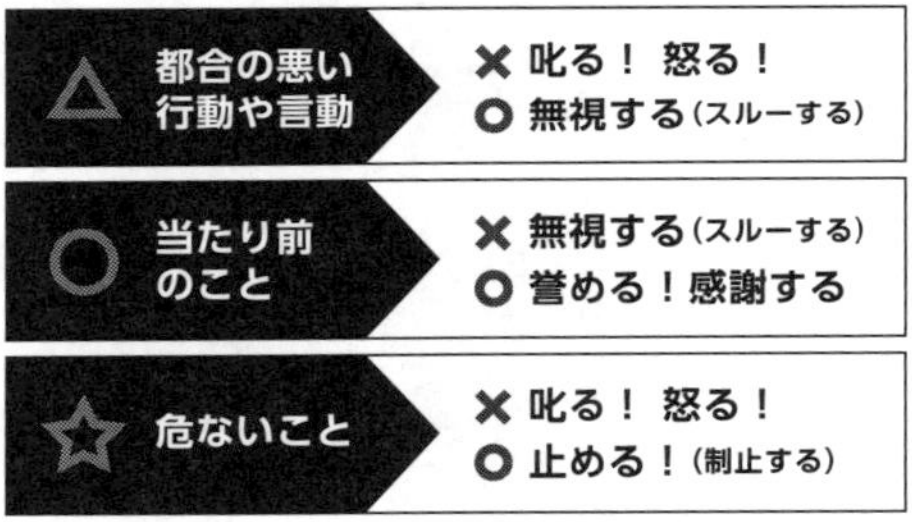
△ 都合の悪い行動や言動
× 叱る！ 怒る！
○ 無視する（スルーする）
○ 当たり前のこと
× 無視する（スルーする）
○ 誉める！感謝する
☆ 危ないこと
× 叱る！ 怒る！
○ 止める！（制止する）

チャイムが鳴ったら子どもは教室に座っているのが当たり前ですか？

忘れ物をしないこと、いつも先生の話に耳を傾けていることは、どうですか？

そして、子どもたちが毎日登校してくるのは、本当に当たり前ですか？

ありがとうの反対語は何でしょう？

それは、〝当たり前〟です。

当たり前のことなんて、実は何一つないのです。これまでの成育歴で、保護者や家族、親戚、保育所・幼稚園の先生方など多くの人たちが関わって、愛情のなかで健やかに育ってきたからこそ、今〝当たり前〟ができているのです。何とありがたいことでしょう。感謝以外の何ものでもありませんね。


次に、〝危ないこと〟について考えてみましょう。

いよいよ「怒っていいですか！」と期待されている方もおられるかもしれません（笑）。でも、そうではないのです。

命に関わるようなこと、他人に危害が及びそうなことは毅然として制止します。怒って止めるのではなく、あくまで制止するのです。その子どものために、どうしても叱りたいときは、制止した後、思いっきり叱ればよいですし、あるいは、じっくり時間をかけてなぜいけないのかを説明すればよいのです。

こういう話をしていると、周りの先生方から、

「甘やかしてるのと違うのか？」

「そんな上手いこと、いくわけがないだろう！」

という声が聞こえてきそうです。

確かに、難しいことですから、何度失敗してもかまいません。それだけ、やり甲斐、戻り甲斐のある難易度の高い基礎・基本なのです。

特別支援教育の知見による子ども理解、その上に立脚した自分の指導・支援理解があって、その上で何度も何度も失敗し工夫して、また実践して……の繰り返しの末に、ようやく身につくものだと思います。

焦らず慌てずあきらめず、一緒に頑張りましょう。

事例⑦　A先生の相談事

小学三年生の担任をしている新卒のA先生が、五月の連休明け、突然私の研究室に飛び込んできました。

「先生、大変なんです。クラスに大変な子どもが一人いて、その子につられていたら、他の四人ほどの子どもが落ち着かなくなって……。連休明けから騒然としてきて、もう僕の話は子どもたちの耳に入っていません。どうしたらいいですか?」

私は、A先生にいくつかの質問をしました。

私「四月の最初の三日間は、静かにしてたでしょ」

A「はい。ちゃんとしていました」

私「だんだんと騒がしくなってきたのでしょ」

A「はい。今はもう僕の声は聞こえていないと思います」

私「それ、普通。安心していいよ。君も健康な青年だったということ!

脳が健康な若い先生がよく通る道だなぁ」

私「例えば、『教科書を読みましょう』と指示をしたのに、いつもBさんが教科書を出していない。しょうがないので、Bさんの教科書を出そうとしてBさんの机をゴソゴソやっているうちに、Cさんが遊びだして、『こら、座りなさい！』と注意していたら、次はDさんが動き出して、という風にモグラたたきみたいになって、収拾がつかなくなってきたわけだよね」

A「何でわかるんですか……」

順番に指示をする

皆さんなら、この若い先生にどんなアドバイスをしますか。

私は、次のように言いました。

子どもの集団を動かすときの基本原則なのですが、大切なのは「指示の順番を守る」ことです。

原則は、まず全体に、続いて個別にです。

なぜなら、**何をしていいのかが分からないことが、困っている子どもたちにとって一番困る**からです。

もし、教室を飛び出して行った子どもがいたら、「計算ドリルの八ページをやっておきなさい！」とクラス全体に指示を出してから、追いかけるのです。時間に余裕があれば、黒板に書いて視覚的にわかるように指示を出すと、なおいいと思います。

何の指示も出さずに、子どもを追いかけていって、その後教室に戻ってきたらクラスが騒然としている。それこそ当たり前です。そこで子どもたちを叱ったりしたら最低です。

全体に指示を出して、飛び出した子どもの手をとって戻ってきたら、そのときは必ず、

「さすが〜みんなちゃんと計算ドリルやってるね〜。ありがとう」

と、忘れずに言うのです。

こういう微細な技術は、きっとどんな仕事にも山ほどありますから、やはり経験の少ない若者が担任をすることは簡単ではないでしょう。でも、学び続けて自分のベクトルを少しずつでも上げ続けてほしいのです。現状維持でいいなんて思っていたら、必ず重力に負けて下がっていくと考えてください。学ぶことは楽しいはずです。若い先生たちには、なんとしても頑晴ってほしいと願っています。

『Q&A』

研修や講演の後、アンケートを書いていただいております。紙面をお借りして、寄せられる多くの質問にお答えしたいと思います。

Q. 暴言を吐いたり、平気で物を壊したりする子どもらを、なかなか許す気持ちになれません。
ですから、先生が言うように笑顔になんか、なかなかなれません。

A. 「知る」「わかる」「できる」の距離について

笑育の道を勇気をもって歩いていただくために、ここまでいろいろなことを申し上げてきました。

こんな理屈を知らなくても、笑顔で生きていく方が良いことぐらいは誰でもわかっていることです。

しかしながら、わかっていてもなかなかできないものです。

〝わかる〟と〝できる〟がすんなりつながっていれば、ダイエットも研修などでの学びも、本当にスムーズに進むはずです。

私たちは、知らなくてもできる可能性は極めて低いです。ただ知ったからといって、すぐにできるということでもありません。〝知る〟と〝わかる〟とは違いますし、〝わかる〟と〝できる〟の間にも距離があるからです。しかし、知っていれば、できる可能性は確実に上がります。

〝知る〟への一歩を支えるエネルギーには、謙虚さや素直さ、未知のものを学ぶ探究心や勇気などが必要です。

また、知ることができても〝わかって〟自分のものにするには、思考し、それを実践してみる力が必要です。

さらに、そこから〝できる〟まで持っていくためには、失敗にめげずに何度も何度も繰り返しチャレンジしていく根気強さ、粘り強さという忍耐力も必要です。

人の成長は、大人も子どもも正比例の図のように、右肩上がりで一直線に伸びていくことはありません。何度も行ったり来たり、フィードバックしながら、スパイラルに成長を続けていきます。

笑顔で生きることは、ときに脳の自己保存の仕組みに逆らうことでもありますから、決して完璧にやろうと思わないことです。

もし怒ってしまったとしても、またあきらめず何度でも笑顔に戻る努力をすれば良いだけです。

焦ることなく、勇気を持って一歩ずつです。

Q. お話を聞いて、笑顔でやろうと思うのですが、すぐに元に戻って子どもたちを怒ってしまいます。どうすれば、良いのでしょうか？

A. 人は自らを認められて、はじめて変われる

「怒ったらいけない！」と言っているのではないのです。その回数を減らすこと、つまらないことで感情的にならないこと、さらに平素から自分のベクトルを笑顔や微笑みで過ごすように向けておきましょう、と提案しているのです。

先生は、子どもたちに対して怒っているのですか？　本当は、子どもたちを

きちんと指導できていない自分自身に怒っているのではないですか。それは、子どもたちのためのようで、ベクトルはおそらく自分に向いています。

〝人に人は変えられない〟と、いつもお話をしているのですが、先生がどれほど怒鳴りつけても、あるいはどれほど立派な指導をされても、その指導の内容をどうするかは、その子どもが自分で決めることなのです。

無理やり決めさせられたりしても、自己責任で行動したことではないので、子どもたちの本当の成長にはつながっていません。

また、無理やりやらせることのできる先生に、指導力があるわけではないのです。

叱る方だって、叱られる方だって失敗します。

人間は健気な生き物です。だから、叱られることがあって当然です。

しかし、叱られてばかり、責められてばかりではあまりに辛い！　そうは思いませんか。

もちろん、ひどい失敗をして、こっぴどく怒られて反省し成長していくことだってあるでしょう。

それでも最後の最後は、人は認められて、共感してもらってはじめて変われる（成長できる）ものなのだと思うのです。

ですから、自己コントロールできる大人がメタ認知の力を使って、自分を笑顔や微笑みに変えてほしいのです。

大好きな誰か（仲間、保護者、教師など）に共感してもらった人間には、困難に立ち向かうエネルギーが生まれます。

自分も生きる価値があるという実感が、自己肯定感や自己有用感を育みます。

周囲の人や社会は、決して敵ではなく、自分と共にこの世界を支えている仲間だということを理解することが、学校や社会、いわゆる共同体に対する感謝の気持ちにつながっていくのです。

感情的にならず、悪いことは悪いということを、毅然と子どもに言葉で説明してください。アホ・バカと言われようが、お人好しと言われようが「いつか、気持ちは通じるんだ」と子どもたちを信じましょう。

我々はプロでなくてはなりません。学校にいる間はやりましょう。できます。

次は、学生からの質問です。

Q．小学校の宿泊を伴う野外活動に参加しました。
事前の打ち合わせで先生方から、「野外活動の食事のとき、部屋から食堂にやってくる際に、子どもたちにはしゃべらないように指導します。一言でもしゃべった班は、やり直しをさせますから徹底してください」と言われました。

本当に、こんな決まりごとを徹底するような指導をしていいんですか？

A．「まじめ」「けじめ」「いじめ」

皆さんは、この指示に従いますか？　従いませんか？　それはなぜですか？

質問してきた学生に私はこう尋ねました。

私「あなたは、この指導のねらいは何だと思う？」

彼は、しばらく考えた後で、
学「けじめをつけさせるんだと思います」

私「なるほど、そう考えるんだね。だけど何かおかしいと思ったから、わざわざこの話をしにきてくれたんだよね？」

と言うと、うなづいています。

このように、「何だか変だ」と思った若い感性は大切です。


世間では、一言しゃべっただけで、何度もやり直しをさせるような指導のことを〝けじめ〟ではなく〝いじめ〟もしくは〝罰〟と呼びます（近頃では、パワハラという言葉もあります）。

クラスが始まったばかりの四月ならまだしも、野外活動に出かけるような段階では、子どもたちを見ている普通の担任なら、このようなルールを誰が守れないか、失敗しそうか、くらいの予測はつくはずです。

それを予測しながら、このようなルールを提示するのはあきらかに「意地が悪い！」といったら言い過ぎでしょうか。

実際にこの野外活動では、やはり同じ班が何度もやり直しをさせられたそうです。

●Aさんは、抑制が効かないので、ついついしゃべってしまう。
●Bさんは、空気が読めないので、うっかりしゃべってしまう。
●Cさんは、先生の注意をひきたいので、やっぱりしゃべってしまう。

共同責任をとった同じ班の子どもたちは、陰で教師への不平や悪口を言います。野外活動で寝食を共にしていますので、人間関係が煮詰まってくれば当然、AさんやBさん、Cさんへの不満や苛立ちにもつながっていきます。

先生方が良かれと思ってした指導や支援が、いじめの芽となり、立場の弱い子どもたちを苦しめるかもしれません。

当たり前のように行われている指導のなかには、大きな落とし穴が潜んでいいることがあります。子どもたちの実態にそぐわないものがあるのではないでしょうか。

子どもたちをきちんとさせたいという気持ちはわかります。集団生活は、マナーを学び、自律できるよう成長させるチャンスでもあります。

しかし、方法を間違えると、まじめな先生が、〝けじめ〟と称して〝いじめ〟の種を植えてしまいかねません。

野外活動なら、食事の機会は何度もあるはずです。廊下を歩くときに、どうしても静かにさせたいのなら、その理由を子どもたちにわかるように、まず丁寧に落ち着いて説明しましょう。

そして、本心からマナーを身につけさせたいのならば、野外活動の期間中、叱らずに時間と回数をかけて、じっくり指導・支援をしていけばよいのだろうと思います。

おわりに

これまで、読書普及協会顧問の清水克衛さんや読書普及協会チーム札幌の宍戸利香さんなど、たくさんの皆さんのお力添えで、二〇一四年三月に小冊子「笑育のすすめⅠ～ちょっと変な教師が教育を救う～」、二〇一六年七月に小冊子「笑育のすすめⅡ～もっと笑顔でちょうどいい～」を作成しました。

この度、それらの拙著を目に留めていただき、エイチエス株式会社の斉藤和則専務より正式な（？）本として出版してみませんかとの声をかけていただきました。

改めてご縁とはつくづく不思議なもので、本当に有難いものだと実感しています。

さて、この原稿を書いている間にも、F県のある中学校で教師の身震いするような恫喝によって、中学生が自殺に追い込まれた事件や「いじめ」のニュースが流れています。

「指導死」という言葉も使われているようですが、これはあきらかに暴力であり、生徒を罵倒したり、大声で恫喝したりするような行為のことを決して「指導」と呼ぶべきではありません。

「指導」とは本来、目標やめあてを指し示して導いていくことであり、相手の目線で寄り添う姿勢でこそ成り立つものであって、罵倒したり恫喝したりする行為とは異なります。

これまでも日本の教育現場は、「いじめ」や「体罰」などの事案で、多くの未来ある子どもたちの命を失ってきています。

力でねじ伏せて、子どもたちに言うことを聞かせる教師の指導力が高いという、誤った「文化」が未だに学校現場で幅をきかせていることが、残念でなりません。

激しい言動で一生懸命に指導する教師は、人としてのエネルギーが高く、ある面で熱心な先生であろうかとも思います。

しかし、その高いエネルギーが叱責することや叱咤することだけに向くような、未熟な指導力しかなかったとしたら、「安全」で「安心」な場であるはずの学校や学級は、子どもたちにとってどれほど危険な場になってしまうことでしょうか。

教師や親の仕事は、子どもたちの自立に向けて、自己肯定感や自己有用感を高め、「生きる力」を養うことに他なりません。

笑育の実践は、決して簡単ではないでしょう。

特に、これまで子どもたちを叱ることでちゃんとさせることに慣れてきた教師にとっては、とんでもない「甘やかし」に感じるでしょうし、苦痛でさえあるでしょう。

しかし、その怒った表情や怒鳴り声は、先生ご自身の本来の姿でしょうか？

本当はもっと明るくて楽しい人なのではないでしょうか。

いつから、そのようなペルソナ（仮面）をつけて子どもたちの前に立つようになったのでしょうか。

実は、笑育の実践とは「本来の自分らしい自分を取り戻す」実践に他なりません。

「先生、いつもニコニコしてて、ちょっと変だね」と言われるかもしれませんが、あなたらしく、明るく楽しい生き方が子どもたちを救うのです。

縁あってこの本を手にとり、最後まで読んでくださった皆さんにとって、勇気や希望となる内容であることを祈っています。

皆さん、これからもご一緒に、日本の未来を創る子どもたちのために頑晴ってまいりましょう。

関西国際大学　准教授　百瀬和夫

著者プロフィール

百瀬 和夫

ももせ かずお

神戸市立小学校教諭として長年勤務し、管理職、教育委員会事務局主事などを経て、現在関西国際大学准教授。『笑育』をテーマに、特別支援教育や脳科学、心理学の知見をいかした指導や支援について研究、啓発に努める。幼・保・小・中・特別支援学校から一般企業まで、年間の研修・講演回数は50回を超える。日本LD学会、日本教師教育学会所属。

【笑育のすすめ　「笑顔」の力で教育が変わる】

初　刷 ──── 二〇一八年一月三十一日
著　者 ──── 百瀬和夫
発行者 ──── 斉藤隆幸
発行所 ──── エイチエス株式会社　HS Co., LTD.
064-0822
札幌市中央区北2条西20丁目1-12佐々木ビル
phone：011.792.7130　fax：011.613.3700
e-mail：info@hs-prj.jp　URL：www.hs-prj.jp
印刷・製本 ──── 中央精版印刷株式会社
乱丁・落丁はお取替えします。

ISBN978-4-903707-80-8